# "Déjame que te cuente…"

## Volumen II

# Presentación

Hemos tenido la gran fortuna de despertar una vez más el interés de otros colegas que se entusiasmaron con la idea de ver sus historias de inmigrantes impresas en un segundo volumen.

Y henos aquí para contarlas...

En la continuación de este proyecto editorial, la meta fue darnos a la tarea de incluir a todos y cada uno de los países latinoamericanos que están presentes en el trabajo docente del área de español en los Estados Unidos, y se estuvo a punto de lograr este objetivo. Con excepción de Ecuador, es un orgullo tener la representación de cada rincón geográfico de lengua hispana que llevamos en la sangre, en el pensamiento, en el corazón y por supuesto, en nuestra labor diaria.


Ana María González

# Presentation

We have had the fortune to awake in other colleagues the desire and the enthusiasm for having their immigration stories printed on a second volume.

And here we are to tell those stories...

In the continuation of this editorial project, the goal was to include every one of the Latin-American countries present in the teaching of Spanish as a second language in the United States, and we almost reached this objective. With the exception of Ecuador, we are proud to have representatives of all geographical corners of the Americas where our language is spoken. These, our beloved lands, the ones we carry in our blood, our thoughts, our hearts and certainly, in our teaching profession.

Ana María González

# "Déjame que te cuente…"

## Volumen II

- Antología -
### Historias de inmigrantes hispanos

Compiladora y editora:
Ana María González
Asistente editorial:
Amalia Barreiro de Gensman

- Anthology -
### Stories by Hispanic Immigrants

Compilator and Editor:
Ana María González
Assistant editor:
Amalia Barreiro de Gensman

Chiringa Press
Seguin, Texas 2013

Portada: Mirada hondureña, 2013.
Fotografía: Ana María González
Diseño: Michael Godeck

Volumen II - Primera edición 2013
©Ana María González et al.
chiringapress@gmail.com
Print: 978-1-61012-027-2
eBook: 978-1-61012-028-9

*Para los que vendrán...*

*To all those yet to come...*

# Déjame que te cuente...
*Coplas*

## Alicia Migliarini

Déjame que te cuente...
Colega, amigo hoy te digo
que de la mano, hermano, vamos
maestros hispanos,
a contar otras historias
de pasadas y presentes penas y glorias.

Ana María, el eje de esta antología
es la que convoca, une, atrae e invade
de entusiasmo a sus compañeros,
a escribir contar y compartir los aconteceres
de sus tierras del vivir y el  partir, el atrás dejar,
el abandonar y el volver a empezar.

Y así logró incorporar a Esther Villarino
quien de la Costa del Mediterráneo vino
la catalana de Barcelona, ciudad galana,
y quien con su  historia
"Me fui con la música a otra parte"
está hoy presente aquí y nos la comparte.

Marco Tulio aporta y describe en su historia
su infancia, la vida en Honduras,
evoca detalles de sacrificios, circunstancias duras
pero también premio al esfuerzo,

estudios, becas y logros que le dieron
su buscada paz, armonía y alegría.

De Chile y ahora desde Tejas,
Regina nos cuenta que llegó aquí
"revuelta como las cosas que llegan a la playa"
donde logra a través de la enseñanza,
cruzar fronteras con "un puente donde su vida
converge con la de sus estudiantes"
y forma conexiones, siempre mujer de acciones.

Teresita Ronquillo, profesora cubana
hoy naturalizada americana,
nos dice que de niña "presentaba diálogos
declamación o dramatización de poemas"
sin pensar que un día sería la pedagogía
lo que la traería a la "tierra prometida".

De igual manera, haciendo un recorrido
para remontarse al pasado,
el doctor Édgar Cota Torres
quien nació, se crió y vivió entre dos culturas
en un vaivén que aún hoy no termina,
deja sentado su agradecimiento y su legado.

Cecilia Vázquez, cubana de la Habana
se considera dichosa de haber podido vivir
"un poquito mejor" que los de alrededor
pero quería lograr en persona "el sueño americano"
y aquí descubrió, dicho en sus palabras "lo que es enseñar",
ese empujar y entregar hasta más no dar.

Carmen nos trae su "Restrospectiva fronteriza"
digna de leerse con un sentido
casi metafísico, de lo que ha vivido
presentando que "una mitad no niega la otra"
para exponer con claridad que lo que vale
"no es la división sino la unión".

Originaria del Uruguay su "paisito natal"
al que nunca pensó abandonar
nos cuenta Beatriz Alem-Walker,
sino que la vida la hizo marchar
y no por eso lo deja de amar, y afirma que
"principio vital es que la vida sigue sin parar".

Mayela Vallejos-Ramírez
nos trae sus "sueños de una niña"
sus experiencias, aprendizaje y tesón,
de la motivada tica a la que una familia americana
le abrió "las puertas de su casa y su corazón".

María José Goñi Iza
originaria de Irún, España
a Francia tierra aledaña
se vino del Viejo Mundo y la trajo el amor,
cosa extraña, hecho que la alejó de España
y en Colorado muchos años ya ha enseñado.

Un melancólico diálogo póstumo con su padre
es lo que nos aporta Ze Salvador y así abre
un gran cofre de recuerdos y parafraseando
a su progenitor va recordando y honrando,
a esos seres que le brindaron amor,
se emociona y lo hace con valor.

Margarita Pignataro nos brinda
El perfil de su bisabuelo
originario de Oruro en Bolivia
y amante de su raza aymará
soñaba con regresar
para su buena gente ayudar y volver a abrazar.

Déjame que te cuente vuelve a poner
un puente que une a hermanos hispanos y americanos
quienes buscan expresar, contar y así plasmar
sus conmovedoras historias que relatan penas y glorias
en esta antología con sentimiento, fortaleza y alegría.

*Déjame que te cuente...*

Hermanos hispanos y americanos
docentes, profesores, maestros
aquí brindan sus historias y memorias;
todos relatos de nuestras vidas,
para dejar una huella perdurable,
a los que vienen y vendrán,
haciendo así su experiencia inolvidable.

# "Yo soy yo y mi circunstancia": historia de una inmigrante renuente

Beatriz Alem de Walker

Déjame que te cuente: nací y crecí en el barrio de la Antártida, en un pequeño triángulo de país que por pequeño y poco pretencioso pasa desapercibido en las noticias internacionales. Mi infancia, salvo ciertas idiosincracias, fue algo del *Leave it to Beaver* estadounidense. Mi ciudad natal es la capital del Uruguay, una de las capitales más pequeñas en un continente de grandes ciudades. Con un millón y medio de personas y todas las ventajas de una capital, Montevideo tenía un ambiente de pueblo cuando era niña. No había grandes peligros y todas las personas eran una suerte de vecinos. Un extraño era una persona a quien ayudar o a quien conocer, y no representaba una amenaza o temor. ¡Cómo ha cambiado mi mundo!

Fui la benjamina de tres hijos y la única mujer. Adoraba a mi padre y a mi abuelita materna que vivía con nosotros, lo cual fue una de las grandes bendiciones de mi vida. Mi barrio era un lugar pintoresco, que podría haber sido un vecindario en Roma, Madrid o París. Tenía ese aire europeo que tienen las ciudades latinoamericanas fundadas por inmigrantes europeos, como Buenos Aires o Santiago. El almacén de ramos generales era un lugar con aroma a café y a canela; la verdulería de don Garibaldi especialmente colorida y la despensa de don Alberto un lugar de reunión donde todos los vecinos eran conocidos por su nombre. Pero sin duda, la panadería era el sitio preferido en donde se agolpaba la gente a las siete de la mañana y luego a las cuatro de la tarde, donde todos los eventos del día se comentaban mientras se esperaba el pan recién salido del horno, para el desayuno o la merienda. Los inmigrantes italianos habían traído consigo la costumbre de las ferias, así cada barrio tenía una feria un día a la semana. Esta suerte de mercado ambulante presentaba los mejores productos agrícolas a los mejores precios, además de artesanías, telares y un gran etcétera. Las ferias eran y aún son una costumbre muy típica y muy arraigada en la vida del Río de la Plata.

Cuando tenía alrededor de ocho años, pasé a formar parte de La Escuelita Nueva Olita, una suerte de *Disney's Mouseketeers Club*. Era un grupo de niños dirigidos por una profesora que nos enseñaba a cantar, a recitar y a bailar, participando en varios programas de televisión. Al poco tiempo de entrar a la "escuelita" me llamaron para hacer comerciales en televisión para ropa infantil; luego para una de las tiendas más grandes del Uruguay y más tarde para la T.V. Guide de Uruguay. Esa infancia idílica fue empañada cuando yo tenía unos catorce años, cuando mi país sufrió un golpe de Estado por parte de los militares. Mis hermanos, ambos estudiantes universitarios, marcharon al exilio, con otros cuatrocientos mil uruguayos. Esta fue una época muy dura para los países del Cono Sur. En Uruguay desaparecieron unas trescientas personas, a manos de los militares; en Argentina unas treinta mil y en Chile se perdió la cuenta. Este momento histórico sería más tarde el tema central de mi disertación doctoral. La vida volvió a su cauce normal después de doce largos años y en ese intervalo mi país pasó por muchos cambios, y por ende la vida de los uruguayos, y la de mi familia.

Aún así nunca tuve la intención de salir de mi paisito, a no ser que fuera para un corto viaje de vacaciones, pero la vida nos presenta muchas sorpresas. Para mí no ha habido sorpresa más grande que la de haber sido trasplantada, arrancada de raíz y plantada en suelo foráneo. El filósofo y escritor español José Ortega y Gasset acuñó esta famosa frase "Yo soy yo y mi circunstancia..." en 1914, proponiendo en sus propias palabras "la reabsorción de la circunstancia en el destino concreto del [ser humano]." Su propuesta ha servido para guiar mi interpretación acerca de los cambios en mi vida. No somos entes independientes del mundo que nos rodea. Por el contrario, cada uno de nosotros está condicionado por la circunstancia que le toca vivir y esa circunstancia es la que moldea nuestra persona. Somos quienes somos según nuestras circunstancias de vida. La circunstancia que me trajo a los Estados Unidos fue mi matrimonio. A la edad de veinte me casé con un tejano, y mi esposo vivió en mi país por unos veinte años (dieciocho de ellos de casados), pero finalmente a mediados de la década de los noventa y por razones de trabajo, tuvo que regresar a Texas y aquí vinimos a vivir con nuestros cuatro hijos. Aunque había visitado los Estados Unidos varias veces, venir a residir en suelo norteamericano fue un choque cultural. Llevó tiempo acostumbrarme a esta pequeña ciudad universitaria que hoy es mi hogar en el sentido pleno de la palabra. Al principio, la arrogancia norteamericana me chocó. Las personas no dudaban en asumir que para mí vivir en Estados Unidos era "mejor" para mi vida y la de mis hijos y algunos me lo hicieron saber abiertamente. Aunque los uruguayos no somos fanáticos acerca de nuestro nacionalismo, cuando salimos de nuestro 'paisito' el orgullo nacional crece. El famoso artista plástico uruguayo, Joaquín Torres García, expresó ese orgullo en 1943 cuando invirtió el mapa latinoamericano:

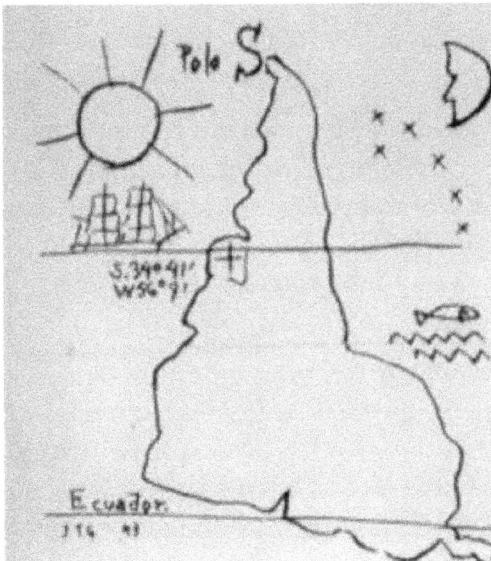

"Nuestro norte es el sur" dijo Torres García. Definitivamente todo depende del ángulo con el cual miramos la realidad. ¿Quién puede afirmar que vivimos en "el fin del mundo"?

Estos choques culturales, sin embargo, fueron solamente las primeras señas de que semejante transición o transplante iba a requerir ciertos ajustes tanto en percepción, como en estilo de vida y sobre todo en paciencia... La paciencia necesaria y la sabiduría como para entender al mundo que me rodeaba y a las personas que en él habitaban. Así comenzó este proceso de asimilación por el que transitamos todos los inmigrantes en mayor o menor grado.

A las dos semanas de llegar a Texas mis hijos comenzaron sus clases y yo también. Volví a la universidad, así que después de dos maestrías y un doctorado puedo decir que mi carrera es más que la suma de estos títulos; es una plataforma que me permite enseñar a mis alumnos que el mundo más allá de estas fronteras es un lugar hermoso, con gente interesante que vale la pena conocer y paisajes que los dejarán sin aliento. Mi carrera académica es como un salvavidas que me permitió y me sigue permitiendo el análisis y la comprensión del mundo que me rodea, y me ayuda a compartir esas experiencias como mentora de las generaciones con las que trabajo.

Estados Unidos es una gran nación con muy buenas cualidades como la libertad y las oportunidades abiertas a todos aquellos que quieran trabajar duro. Yo fui una inmigrante renuente, porque nunca tuve la intención de salir de mi país, me ganó la "circunstancia." Sin embargo hoy estoy tan orgullosa de mi país adoptivo como lo estoy de mi país natal.

Como profesores, tenemos la oportunidad de tocar muchas vidas. El mensaje primordial que quiero extender a mis alumnos es que la vida en el siglo XXI, esta vida en la aldea global que nos toca vivir, nos enfrenta a otras culturas y a las personas que de ellas provienen. Hoy en día no tenemos que salir de nuestras ciudades o pueblos para encontrarnos con personas diferentes a nosotros. Si no abrazamos esas diferencias, vamos a vivir en un permanente choque cultural. Creo que es mi deber como profesora preparar a mis estudiantes para el mundo que van a encontrar más allá del campus universitario. Pero por mi parte, siempre viviré con un pie en Estados Unidos y un pie en Uruguay, porque los dos países forman parte de quien soy ahora. Comparto la idea de Ortega y Gasset, en la segunda parte de esa frase, aunque no tan famosa, no menos importante "…Yo soy yo y mi circunstancia, *y si no la salvo a ella no me salvo yo.*"

## Recuerdos

Allí debajo del sauce llorón
veo a la niña que solía ser.
La cara pecosa, las trenzas largas
arrastrando un oso de peluche.
Ella era la nena de papá,
ella era el corazoncito de la abuela.
Era el blanco de las travesuras de sus hermanos,
nunca muy lejos del ojo materno.
En los largos días veraniegos,
saltando a la cuerda con su mejor amiga,
se veía en su rostro, que la felicidad no tenía fin.
Pero la abuela dejó este mundo,
y papá pronto la siguió.
Los hermanos se fueron lejos,
dejando un hueco en su corazón.
Esta niña creció para ver
otra hermosa tierra, en el mar del norte.
Allí debajo del sauce llorón,
veo a cuatro niños, los que Dios me dio.
He aprendido, como principio vital,
que la vida sigue sin parar.
Y como la felicidad no conoce final,
guardo estos recuerdos
en un rincón del corazón.

# "I am Myself Within My Circumstance:" The Story of a Reluctant Immigrant

Beatriz Alem-Walker

Allow me to tell you my story: I was born in the neighborhood of Antarctica, in a small slip of a country so small and unpretentious that usually escapes the attention of the international press. My childhood, except for some local idiosyncrasies, was something akin to *Leave it to Beaver*. My hometown is the capital of Uruguay, one of the smallest capitals in a continent of mega cities. With a million and a half inhabitants and all the advantages of a capital, Montevideo, in my day, had the feel of a small town. There were no great dangers. Everyone was considered a neighbor and if one encountered a stranger, he or she was seen as someone to help or to get to know, instead of a possible source of danger. How things have changed!

I was the youngest of three children and the only girl. I adored my father. I equally adored my grandmother and her coming to live with our family was one of the greatest blessings of my life. My neighborhood, a picturesque locality, could have existed in Rome, Madrid or Paris. It had that European air possessed by Latin American cities founded by European immigrants such as Buenos Aires or Santiago de Chile. It boasted the local "almacén de ramos generales" (the corner mom and pop store) always smelling of coffee and cinnamon; Don Garibaldi's colorful vegetable stand and Don Alberto's deli; the type of establishments where "everyone knew your name." Without a doubt, however, the bakery was everyone's favorite: a place where all gathered at seven in the morning and four in the afternoon, commenting on the events of the day as they waited for the hot bread to come out of the oven; a treat for breakfast or tea time.

Italian immigrants brought with them the custom of the street market. Every neighborhood had its turn once a week. This market on wheels presented the best agricultural produce at the best prices along with artifacts, crafts, cloth and a multitude of "etcetera." The street markets were and still are a tradition deeply rooted in the life of the Río de la Plata.

When I was about eight years old, I became part of "La Escuelita Nueva Olita," The Little New Wave School, in the tradition of *Disney's Mouseketeers Club*. We were a group whose professor taught us to sing, recite, dance and participate in television programs. Soon after, I was called to take part in television commercials selling children's clothing. Subsequently, I was a model for one of the largest department store chains and for the Uruguay's version of TV Guide.

This idyllic childhood ended abruptly when I was fourteen. My country's long democratic tradition was interrupted by a coup d'état. My brothers, then university students, left in exile along with some 400,000 other Uruguayans, an important sum given the fact that the total population was only three million. This was an extremely difficult time for all the nations in South America's southern cone. In Uruguay, some 300 individuals disappeared at the hands of the military; in Argentina 30,000; Chile lost count... This moment in history became the key theme for my doctoral dissertation. Life returned to normality after twelve long years. During this interim, "el paisito," our little country, had undergone big changes and my family along with it.

Even so, leaving my country, other than for the purpose of a short vacation, had never entered my mind. Life, however, has a way of presenting us with surprises. For me, there could not have been a greater surprise than being transplanted, pulled out by the roots and planted in foreign soil. The Spanish philosopher and writer, Jose Ortega y Gasset, coined this famous phrase in 1914, "Yo soy yo y mi circunstancia," (I am myself within my circumstance), proposing, in his own way, the absorption of circumstance into the destiny of the human being. I have applied his proposal as an inspiration for the changes in my life. We are not independent from the world that surrounds us. On the contrary, each one of us is conditioned by what is dealt to us; that circumstance molds our very person. We are who we are according to the circumstances of our lives.

The circumstance that brought me to the United States was my marriage. When I was twenty, I married a Texan. My husband lived in my country for twenty years; eighteen of them married to me when we came to Texas in 1995 for career reasons. We came to Texas to live there with our four children. Although I had visited the United States several times, coming to live on US soil was a cultural shock. It took me a while to adjust to the small university town that now I call home in the fullest sense of the word. In the beginning, American cultural arrogance took me aback. Many people made sure to let me know that in their mind, there was no doubt that to live in the US was somehow "better" for me and my children. Although we Uruguayans are not fanatical about our patriotism, when we do leave our "paisito," our national pride automatically increases. The famous Uruguayan painter, Joaquin Torres Garcia expressed this pride in 1943 when he inverted the traditional map of Latin America.

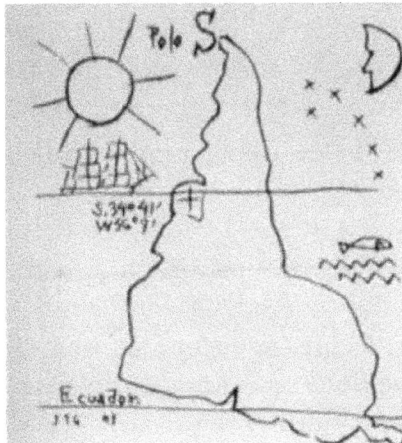

"Our north is the south," said Torres Garcia. It is true indeed that reality depends on the point from which we view it. Who can really say that we live at the "ends of the earth"?

These cultural shocks, however, were only the first signs that my transition or transplant would require certain adjustments, not only in perception but in life style and above all, in patience.

Patience would be necessary to give me the wisdom to understand the world that surrounded me and the people that inhabited it. Thus, began the process of assimilation through which all of us, who have immigrated, must pass.

Two weeks after arriving in Texas, my children began school and so did I. I returned to study at a university. After two master degrees and a doctorate, I can truly say that my career is more than the sum of these titles. It is rather the spring board that has allowed me to teach my students about the world "out there" beyond the borders of their nation and culture. A world that is a stunning place; populated by interesting people who are worth knowing and who live in places so beautiful that will leave anyone breathless. My academic career is a life-saving device that has allowed me to continue the analysis and comprehension of the world that surrounds me. It has also allowed me to share these experiences as a mentor with the generations that follow me.

The United States is a grand nation with many qualities such as liberty and opportunities open to all of those willing to work hard. I was a reluctant immigrant, with no intention of leaving my country, yet won over by circumstance. However, today I am as proud of my adoptive country as I am of my native one.

As teachers, we have the opportunity to touch many lives. The primary message that I wish to extend to my students is that life in the 21st century, this life in the global village that has been handed to us, confronts us with other cultures and with the people who come from these cultures. In today's world, it's not necessary for us to leave our towns and cities to encounter others who are different from ourselves. If we don't embrace these differences, we will live in a state of permanent cultural shock.

It is my belief as a professor that I have the duty to prepare my students for the world that they will encounter beyond the university campus. Personally, however, I will always have one foot in the United States and one in Uruguay because both nations form part of who I am today. I share the idea of Ortega y Gasset because the second part of his phrase, although not famous is equally important: Yo soy yo y mi circunstancia, y si no la salvo a ella, no me salvo yo, "I am myself within my circumstance; *if I don't save it, neither will I be saved.*"

## Memories

Over there, under the willow tree
I see a little girl, the one I used to be.
Freckled face, long braided hair,
tugging along her teddy bear.
She was daddy's little pumpkin,
she was grandma's heart's delight.
Her brothers' mischief target,
never out of her mother's sight.
In the long summer days,
jumping rope with her best friend,
you could see it on her face,

that happiness knew no end.
But grandma left this world,
and daddy closely followed,
the brothers moved away
leaving her heart hollow.
This little girl grew up to see
another beautiful land on a northern sea.
Over there under the willow tree
I see four little kids, the ones God gave to me.
As a principle I've learned,
that life goes on, no matter what
and as happiness knows no end,
I keep it all, inside my heart.

# Retrospectiva fronteriza

## María del Carmen García

Nacer y crecer en la frontera entre el primer y el tercer mundo es una experiencia que marca nuestra vida en forma definitiva. Eso lo he podido constatar ahora cuando los años otorgan una retrospectiva que se hace más amplia y permite una mayor apreciación de tal huella. Al principio no era muy consciente de eso, sólo sabía que "dialotro lado" la gente vivía mejor, ¡hasta los niños hablaban inglés y crecían más! Estaba "shoppilandia" con todas sus increíbles maravillas e incluso había quien juraba que el clima no era tan extremo en el lado estadounidense aunque sólo un río lo separara del inclemente infierno de los veranos y las heladas que azotaban el lado mexicano en el invierno.

Cada mañana un peregrinaje de trabajadores cruzaba el puente internacional para ofrecer sus servicios y cada tarde regresaban a casa agradecidos de la oportunidad de ganar unos cuantos dólares para aliviar sus carencias. Mi padre era uno de ellos, sólo que él tardaba más tiempo en regresar. Trabajaba en los ferrocarriles y constantemente viajaba a Michigan, California o Colorado. Donde hiciera falta un par de manos fuertes y disponibles, allá iba papá y su cuadrilla de braceros para mantener los hilos férreos que entretejieron tantos otros migrantes antes que él y que propulsaron en su origen la economía de este grandioso país.

Cuando era niña la frontera tenía otra cara. Ciertamente ha estado siempre señalada por la violencia y la separación como me imagino que de alguna u otra forma lo están todas las fronteras por el sólo hecho de dividir espacios concretos a través de conceptos abstractos. De Tijuana a Matamoros era común desayunar con el tema de los muertos acaecidos la noche anterior en algún tiroteo de narcotráfico o de aquéllos que se habían marchado "pa'l norte" en busca de mejores oportunidades y que regresarían, como las aves, con el invierno o que quizá ya no volveríamos a ver jamás. Pero independientemente de la dinámica intrínseca de la frontera, aquel rinconcito ajustado entre el Golfo de México, el lugar más sureño de los Estados Unidos y el norte de Tamaulipas, era para mí, mi hogar. Ahí crecí, como todos los niños, creyendo que estaba justo en el centro del universo y que no existía nada más, o que al menos, no importaba. En aquel entonces el contrabando todavía era local y en pequeña escala, la economía se basaba en la agricultura, las maquiladoras estadounidenses aún no se habían establecido en Matamoros y aunque ahora resulte difícil de creer, una vez al año, había paso libre. Es decir, aquéllos que no contaban con documentos para ingresar a los Estados Unidos podían hacerlo durante "El Día del Charro" y celebrar la herencia mexicana en el lado estadounidense sin sentirse avergonzados por descender del grupo de los vencidos en El Álamo. Al contrario, nunca como entonces era un orgullo vestir los coloridos trajes típicos, montar a caballo, degustar comida mexicana con mucho picante y lanzar gritos irracionales, al estilo de los mariachis, lanzados desde lo más profundo, sólo para celebrar la felicidedad de ser quien se es.

El tiempo se encargó de transformar al narcotráfico en una industria globalizada, cada vez más compleja y violenta, y aquellas celebraciones comunitarias quedaron en el pasado de una frontera que hoy está cuasi-militarizada. "El Día del Charro" se sigue celebrando, pero ahora tiene un carácter más comercial y menos cordial. Lo mexicano en esta fiesta toma cada vez más el tono de un estigma pintoresco. Ahora es como una realidad inconveniente, no es ya esa otra mitad que conforma la identidad problemática de un fronterizo de ascendencia mexicana que vive en el lado estadounidense. Y el problema con la identidad es que hemos tenido que lidiar con ella constantemente a lo largo de la historia. El Valle del Río Grande en Texas, lo que llamo "mi hogar", ha pasado de ser, en menos de un siglo, de colonia española a territorio mexicano; luego a República de Texas y un buen día mis ancestros se despertaron con la noticia de que eran ciudadanos estadounidenses. El río, que antes servía para proveer agua, empezó a dividir familias. Y es así como la frontera un día nos cruzó a nosotros, mientras que por nuestra parte sólo hemos intentado adaptarnos al incesante cambio de nuestra realidad tratando de no perder lo que nos define como lo que somos. ¿Y qué somos, al fin de cuentas? Algunos teóricos proponen que el concepto de nación se forma cuando un grupo determinado se define como "lo que no es", es decir, en la frontera sería algo así como "soy estadounidense, por lo tanto no soy mexicano" o lo contrario. Pero estoy convencida de que esa teoría no funciona en la frontera. Yo soy estadounidense porque todo lo que implica vivir en este país forma parte de mi realidad existencial y eso me forma y me conforma, pero eso no necesariamente tiene que estar en conflicto con mis raíces mexicanas. No siento que traicione a una parte de mí por abrazar a la otra, si ambas constituyen lo que ahora soy. Una mitad no niega a la otra sino que se complementan y me definen como una afortunada fusión. Finalmente, puedo decir con certeza que la identidad no es un concepto estático, como muchos conciben, sino que es tan dinámico como la frontera misma en la que me tocó vivir.

La naturaleza divisoria del lugar donde crecí me hizo ver que no es la división sino la unión lo que hace la fuerza. Aunque parezca cliché, no deja de ser cierto. No puedo dividir mi esencia ni negar ninguna de las mitades que me hacen ser quien soy sólo para satisfacer los requisitos excluyentes de alguna categoría racial o nacional. Eso lo comprobé muchas veces en la frontera pero uno de los casos que lo dejó muy claro para mí es el problema del lenguaje: en el lado estadounidense se forzaba a los niños recién llegados a que aprendieran el inglés y que olvidaran el español; y en el otro lado, aunque parezca increíble, los mexicanos se negaban a aprender el inglés. Esto último es algo que años después también observé en Puerto Rico donde, a pesar de la instrucción académica en inglés, sólo se habla español en cualquier lugar. Cuando más tarde tuve oportunidad de estudiar estos fenómenos sociales, aprendí que es un claro ejemplo de lo que llaman "resistencia cultural"; o sea, si me imponen una cultura o una lengua que no es la mía, me voy a negar a aceptarla y buscaré estrategias para eludir la imposición. La experiencia me hizo ver que al final de esta guerra pierden los dos contingentes. Tanto aquéllos que olvidan su lengua nativa para favorecer las presiones de mantener una nación monolingüe como aquéllos que se resisten a aprender una nueva lengua impuesta porque desaprovechan una valiosa oportunidad. Ambos se quedan en el limitado espacio de la exclusión olvidando que no se trata de saber menos sino de saber más, de abrazar todo aquello que nos obliga a salir de la zona de confort, de aprender de nuestras diferencias y entender que son nuestras semejanzas las que nos hacen fuertes individual y colectivamente. Al final entendí que la naturaleza misma de la frontera enseña justamente que la realidad siempre resulta más compleja de lo que quisieran aquéllos que todo lo etiquetan y definen por categorías. Nada es completamente blanco o negro, sino que se propone una gama infinita de grises. Ya no hay absolutos y en estos tiempos de cambios dramáticos e incesantes, pretender un status quo, aunque sólo sea para preservar un sentido ilusorio de orden, nos garantiza nuestra propia frustración y la de aquéllos que nos rodean.

Sí, la frontera implica un interminable ir y venir de mexicanos y estadounidenses, y a ese viejo binomio se añade una población flotante de centroamericanos que esperan ingresar legal o ilegalmente a los Estados Unidos. También se agregan los árabes y asiáticos como constancia de que la globalización inserta nuevos factores en la permanente ecuación de cambio que involucra este espacio vital; unos llegan, otros se van. Yo misma busqué otros horizontes después de algún tiempo y emigré para empezar mi doctorado en literatura hispana. Recuerdo que al principio me era muy difícil decidir si debía estudiar en Austin o en Houston, así que visité ambas universidades para aclarar mis ideas. Austin parecía el lugar ideal con esa atmósfera tan perfecta de pequeña ciudad universitaria. Houston, en cambio, se percibía como un enorme y caótico engranaje industrial. Un día, mientras conducía por sus barrios tan diversos, para comprobar que sin duda alguna el lugar adecuado

era Austin, me topé con una señal que me hizo cambiar radical-
mente de opinión. Allí, frente a mis ojos estaba una lavandería
sólo que en esta ciudad el lugar se anunciaba como "washatería".
Para mí fue toda una revelación. Esa palabra que no aparece en
ningún diccionario en inglés o en español, proponía una combi-
nación lingüística, una fusión de conceptos, una celebración de la
diversidad, algo que sólo una fronteriza como yo podría apreciar
en toda su magnitud. En ese momento reconocí que había hallado
"mi hogar" fuera de casa y decidí empezar mis estudios de posgrado en la Universidad de Houston.

Finalmente me quedé en esta ciudad y ahora trabajo en una
universidad donde cada día, además de enseñar gramática y literatura, intento mantener un sentido de orgullo entre los estudiantes
hispanos porque creo que nadie merece sentirse avergonzado de
sus raíces, menos cuando éstas implican una inmensa riqueza cultural y nos señalan como inmigrantes dignos y herederos de una
gran fuerza. Trato, sobre todo, de enseñar a todos mis estudiantes
a pensar por sí mismos, a analizar los hechos y cuestionar todo lo
que se imponga como la historia oficial de lo establecido porque
creo firmemente que sólo así podemos mantener una sociedad
sana donde no hay necesidad de llegar a "tolerar" lo que ya de por
sí se entiende y se respeta por el hecho de que todos somos iguales
porque todos somos diferentes.

Después de todos estos años, puedo confirmar que dicha forma
de pensar es una fuerte convicción que se fue forjando durante mis
experiencias en la frontera y su huella ha estado presente en cada
una de las grandes decisiones que he tomado a lo largo de mi vida.
En retrospectiva, no puedo menos que agradecer la oportunidad de
haber crecido en un lugar tan revelador y tan complejo: la frontera
me enseñó que es nuestra decisión considerar la vida como un espacio de separación o de unión, según cada quien elija.

# Retrospective from the Border

## María del Carmen García

Being born and growing up just in the border between a First and a Third world is definitively an experience that will mark one's life. This is something I am able to confirm now, after the passing of the years has given me an ample retrospective which allows me a clear perception of its influence in my life. I was not so aware of this during my childhood. I only knew that on the other side of the border, people had a better quality of life and even the children would speak English! You could find the shopping mall with all its marvelous wonders, and there were even those who would insist that the weather was not that extreme in the American side as it was in the other side of the Rio Grande.

Every morning, Mexican workers would cross the international bridge to work in the other side of the border, usually to return every afternoon, feeling grateful for having the opportunity to earn a few dollars to pay their bills. My father was one of them; although it would take him longer to get back home. He and his team of braceros used to travel to any place in the country building and repairing the train rails that many others foreign workers had intertwined before him, in the process to help build the strong economy of this great country.

During my childhood, the border used to be a different place. It has always been marked by violence and separation as it probably is to some degree, in any other frontier. It is, after all, a place created to divide a concrete space with abstract concepts. From Tijuana to Matamoros, it was usual to wake up and hear the news about people killed during a narco-traffic shooting the night before. It was also very natural to learn about those migrant workers who would travel to northern states looking for an opportunity to work. In some cases, they would return, as migrant birds would do, during the winter; in other cases, we would never see them again.

Within the intrinsic dynamism of the border, this was the place I called "home." I grew up right there, as any other child, with the belief that I was living just in the center of the universe and there was nothing else, and if there was, it didn't matter. At that time, drug smuggling was still a local and small business, agriculture was the base of our economy and the maquiladoras were still not established in the Mexican side.

Although, it is now really hard to believe, in those days anyone could enter the United States even without the required documentation during the annual Día del Charro celebration. During a couple of days a year, everyone used to celebrate the Mexican heritage in the American side at the "Charro's Fiesta"; even those who were descendants of the losers at the Mexican-American War would celebrate proudly their roots by wearing colorful and typical outfits, riding horses, eating Mexican food, and yelling loudly as a Mariachi would do, to let everyone know how good it is to feel deep joy and pride of being just who they are.

Eventually, time transformed the border's face. Narco-trafficking became a global, more violent and complex industry. Community celebrations were left in the idyllic past of a border that is now quasi-militarized. "Charro's Days" are still being celebrated every year, but now with a more commercial sense. The "Mexican" concept in this fiesta has become a folkloric stigma after the years: it is seen now as a "problem" and not as the other half of the complex identity of a borderer. Identity that has been an issue constantly redefined during the last years. The Rio Grande Valley, what I know as "home," has evolved in less than a century from a Spanish colony, to Mexican territory, which later was declared as part of the Republic of Texas, and it finally became the Southeast border of the U.S. Suddenly, the Rio Grande became a line that divided families. Since then, people tried to adapt to their new reality while also trying to maintain what define us as borderers. And who are we, after all? Some scholars think that the concept of Nation is formed when a large group of people define itself as "what they are not". If we apply that concept, it would work in our border like "If I am an American citizen, then I am not a Mexican," or just the opposite. However, it is clear that in the border that theory does not work. I may, for example, say that I define myself as an American because I have lived in this country for so long and my daily experiences during the past years have formed my new existential reality. I also have to say that the concept is not in conflict with my Mexican roots. I feel that my identity implies a consistent negotiation of these two factors: each half complements the other and defines myself as a fortunate fusion. Finally, I can say that I understand that: identity is not a static concept, as many may think, but it is as dynamic as the border where I used to live.

The function of any border is to divide, but growing up in a border taught me that is better to add than to divide. It may sound as a cliché, but it is still true. I cannot divide my essence nor refuse any of the parts that form what I am in order to fit the limited borders of a racial or a national category. I have confirmed that concept several times, while I was living in the border, but one of the issues that made it clearer for me was the language: Mexican children were forced to learn English and forget Spanish as soon as they went to school in the American side, but people refused to learn English in the Mexican side, a clear example of cultural resistance. All this made me see that there were no winners in this situation. Those who forgot their native language, in order to fit into a monolingual project as well as those who refused to learn a new language, were not allowed to understand that it is better to know more, not less. They forgot how important it is to go beyond our comfort zone in order to learn. It is our unification what makes us individually and collectively stronger!

I also learned that the border implies an endless negotiation between different groups. In later years, we have seen that new people such as Asians or Central Americans diversify the old dichotomy between Mexicans and Americans. Some people come, and others have to leave. For instance, I had to leave the border some years ago in order to start my doctoral studies in Hispanic Literature. I remember how hard it was to decide if I should attend the University of Texas at Austin or the University of Houston, so I decided to visit their campus in order to have a clearer perspective of my options. Austin was so perfect, the ideal place for a graduate student. On the other hand, Houston was perceived as a huge and chaotic industrial city, but while I was driving through its diverse neighborhoods to confirm what the right place to study would be, I saw a laundry mat. In Houston a sign read "Washatería." That word was an eye-opener; it was such a mystic revelation for me! Although it is not found in any dictionary, that word was a statement, a linguistic combination, a fusion, a celebration of our diversity and only a borderer could understand its real meaning. At that moment, I knew that I had found a home away from home, and I decided to attend the University of Houston.

Later, when I finally graduated, I bought a house and began working as a university professor in this city. I teach Spanish language and literature but, what I find even more important is that I help my Hispanic students feel proud of their roots, their culture, and their language. I try, above all, to teach my students to think for themselves, to analyze the facts in any situations, and to question any official version imposed by the establishment. I firmly believe that this is the only way we could create and maintain a healthy society where we all embrace what inspires understanding and respect.

After all these years, I have this strong belief because I grew in the border and the conditions there have influenced all my important decisions in life. In retrospective, I feel grateful for everything I have learned in a place like this. The border taught me that life is an opportunity for separation or unification... it's up to us to choose wisely.

# El triángulo de mi vida

## María José Goñi Iza

La mía es una historia de amor. Más bien es la historia de un triángulo amoroso. No pienses mal... es un triángulo de circunvalación triangular entre personas, culturas y profesiones, pero antes de que te confunda, déjame empezar por el principio.

Nací en Irún, una ciudad al otro lado del océano, frontera natural entre España y Francia. Mi infancia transcurrió en la España de Franco con sabor a dictadura y secretismo, y desperté a mi juventud con la naciente democracia española, respirando aire de libertad y reivindicación de identidad. Soy vasca y tras la muerte del dictador, ser vasca significaba renacer, volver a nuestra cultura, a nuestras raíces tanto tiempo prohibidas.

Si pienso en mi infancia, una palabra la resume: familia. La familia lo era todo, amor, fuerza, valor, tranquilidad, también control y rebelión a medida que iba descubriendo mi propia identidad dentro de la de mi país. Crecí rodeada de diferentes idiomas: euskera (vasco), castellano, francés... que se mezclaban unas veces sin pudor, atrevidos, saltando alegres de boca en boca, otras veces vigilantes al auditorio, como avergonzados; pero siempre idiomas, muchos idiomas como música de fondo a mis oídos de niña.

Otro recuerdo tatuado en mi mente es la fuerte ética de trabajo que me legaron mis padres. Mi "aita" (padre en vasco) siempre trabajando de sol a sol en el negocio familiar y mi "ama" (madre) en el hogar, desbordándolo todo con un amor que se transmitía en la comida, sus cuidados hacia nosotros y una casa impecable que aún en día me acompaña en mi propia manía por el orden y la limpieza.

Fui la primera de la familia en graduarme con una licenciatura y una maestría, y fue gracias a mi aita que siempre me animó a seguir mis estudios, también él tuvo la 'culpa' de que terminara por aquí, pues entrando a la secundaria, me convenció para estudiar inglés, cuando el idioma que yo amaba era el francés... "es el idioma del futuro" —solía decirme y buena razón tuvo— y así es como descubrí Irlanda y luego Inglaterra (la conozco mejor que mi propio país) y hasta me vine a los EE.UU. en mi último año de universidad... pero no, yo no quería dejar a mi querida Euskadi, soñaba con vivir feliz en un "caserío" (casa tradicional vasca) con mi amor, rodeada de animalitos y ayudando a la gente... ¡muy idealista y altruísta andaba yo!

Terminé mis estudios, me licencié en psicología y pedagogía, y empecé a trabajar aunque seguía viajando en los veranos... Y podía haber terminado feliz y contenta en mi tierra pero el destino tenía planes diferentes y en uno de mis veranos en Inglaterra me enamoré de un soldado americano con quien después de varios años de noviazgo terminé viniendo a los EE.UU. Fueron años de descubrimiento: de mí misma, de otra cultura y de una nueva profesión. Y así comenzó mi triángulo amoroso...

Soy inquieta y en cuanto llegué a este país empecé a enseñar como voluntaria; en la biblioteca, en las escuelas, hasta que obtuve mi "tarjeta verde" y pude oficialmente conseguir un trabajo en el Head Start, un programa escolar para niños de familias con bajos ingresos, donde tuve la oportunidad no sólo de enseñar a los niños, sino de ayudar a las familias hispanas como intérprete y traductora. Trabajé casi por cinco años para dicha entidad hasta que obtuve un puesto como profesora de español en la Universidad de Colorado, en Colorado Springs. Aquí descubrí mi pasión oculta: la enseñanza de mi cultura y mi lengua.

Trece años más tarde aún siento la misma pasión por lo que hago, y en el proceso, he descubierto que la psicología y la enseñanza se congenian de forma ideal para transmitir mejor el mensaje a mis alumnos: la importancia de aprender otro idioma, aceptar otras culturas y luchar por conseguir lo que uno quiere.

Soy vasca, europea pero ahora vivo en los Estados Unidos de América y soy americana. Estoy enamorada de este país y su cultura. Vine por amor y ese amor me ha dado dos hijos, ellos son americanos y también vascos, españoles, franceses, irlandeses, alemanes... en su sangre fluye la sangre de muchas otras culturas que han coexistido desde el principio de los tiempos, continuando la diáspora paradójica de raza e identidad.

Mi pasión por la vida, la gente y el mundo en el que vivo me han traído hasta donde estoy y me han hecho lo que soy. Enseño porque quiero compartir el amor por mi tierra y el mensaje de que todo es posible si se trabaja con tesón y sin miedo a realizar los sueños propios. Ante eso, los estigmas se desvanecen.

Y hoy escribo esta historia para dar gracias a mis padres y a los padres de mis padres... y para que mis hijos no se olviden de dónde vienen y sepan que el mundo siempre estará al alcance de sus manos mientras abran sus ojos y escuchen a su corazón.

# The Triangle of my Life

## María José Goñi Iza

Mine is a love story. It is a triangle love story. Don't think bad... it is a triangular encirclement between people, cultures and professions. Before I confuse you, let me start from the beginning.

I was born in Irun, a city at the other side of the ocean, a natural border between Spain and France. I grew up in Franco's Spain saturated with the flavor of dictatorship and secrecy. I awakened to my youth in the hands of the newborn Spanish democracy; breathing the fresher air of freedom and of a new identity. I am a Basque, and after Franco's death, being Basque meant being reborn to see the return to our culture, to our roots, for so long forbidden.

When I think of my childhood, one word summarizes it all: family. Family means everything to me: love, strength, courage, tranquility, also, control and rebellion as I was discovering my own identity within the one of my country. I grew up surrounded by different languages: Basque, Spanish Castilian, French... languages that would mix sometimes without shame, daringly jumping, happily from mouth to mouth; even though at times, vigilant to the audience, embarrassed, but always languages, a myriad of languages like a musical soundtrack in my little girl ears.

Another memory tattooed in my mind is the strong work ethic my parents instilled in us. My "aita" (father in Basque) always working from sunrise to sunset in the family business, my "ama" (mother) at home, filling the house with her overwhelming love that could be tasted in her food, in her care for us and in our home: impeccable in a manner still present in my own oddity for order and cleanness.

I became the first one in my family to graduate with a BA and later obtained a MA, thanks to my father. He always encouraged me to pursue my studies. He was also "guilty" for my ending here. Upon entering high school, he convinced me to study English, when the language I loved was French.... "it is the language of the future" —he used to tell me and he was right— so I discovered Ireland, England (which I know better than my own country) and I even came to the USA during my last year in college... but no, I didn't want to leave my dear country. I dreamed of living happily in a "caserío" (traditional Basque house), surrounded by love, animals, and helping others... very idealistic and altruistic on my part!

I received a BA in Psychology, a MA in Education and started to work, although I still spent my summers in England. I could have finished my days living happily ever after in my dear homeland, but fate had another plan for me. One of the summers in England, I fell in love with an American soldier and after several years of dating I ended up coming to the USA. It was a time of discovery of myself as a person, of another culture and of a new profession. That is how the love triangle began.

I am a restless person and as soon as I arrived here I started working as a volunteer in the library, in the schools, until I received my green card and I could officially get a job. My first one was at Head Start, a school program for low income families. Here, I had the chance not only to teach preschoolers, but to interpret and translate English for their Spanish speaking families. I worked for this institution almost five years until I landed a teaching position at the University of Colorado at Colorado Springs, where I had the opportunity to discover my true passion: to teach my language and my culture.

Thirteen years later, I still feel the same passion for what I do. In the process, I have also discovered that psychology and teaching come together ideally to better transmit the message to my students: the importance of learning another language, accepting other cultures and working hard to reach their goals.

I am a Basque, a European but I now live in the USA so I am an American. I am in love with this country and its culture. I came here for love and that love gave me two children, they are Americans and they also are Basque, Spanish, French, Irish, German... in their blood runs the blood of many other races that formed their bloodlines since the beginning of times, continuing the paradoxical diasporas of race and identity.

My passion for life, people and the world where I live brought me here and made me who I am. I teach because I want to share the love for my land and the message that everything is possible if one works hard and is not afraid to follow his dreams. Nothing can defeat a strong and firm character.

Today, I am writing this story to thank my parents and my parents' parents. I am writing so my children will not forget their origins and remember that the world will be in their hands if only they open their eyes and listen to their heart.

# Tus ojos y mi reflejo

Marisol Rodríguez de Lort

¿Qué me preguntas?
¿Acerca de cómo he emigrado aquí?
¿Ésa es tu pregunta?
¿Tu curiosidad?
¿Tu preocupación?

Déjame que te explique
solamente diciéndote
¿Por qué no?
¿No lo hiciste tú?
O quizás debería tener que decir
¿No fueron tus ancestros quienes migraron?
¿Aquí, allí, a todo lugar?
¡Oh! ¿Tú estás mirando el color de mi piel?
¿Qué es lo que no tiene sentido para ti?
¿Qué alguien con el color de mi piel viva aquí?

¿Contigo? ¿a tu lado?
¿Respirando el mismo aire?
¿Mirando el mismo cielo?
Y ¿trabajando doble y siempre más que tú?
Por menos remuneración
haciendo el trabajo que tú no quieres hacer.

¡Inmigrante! me dices
¡Con tus ojos!
¡Con tu boca!
¡Con tu piel!
¡Con tu idioma!

*Déjame que te cuente...*

¡Inmigrante! tú y tus amigos me gritan
haciendo mofa de mi acento,
mirando mal las cosas que hago
mirando mal las formas como yo amo.

¡Inmigrantes! ¡Espaldas mojadas!
¡Gente ignorante!
¡Gente marrón!
Yo te veo
Tú me ves
Y así te veo
¿Y ahora qué?

Déjame decirte
déjame informarte
mi querido, mi querida.
Yo no soy marrón,
¡Yo soy bronceada!
¡Yo soy canela!
¡Yo soy caramelo!

Yo soy dorada...
Yo soy bronceada...
Yo soy.

Tu color es el color de mi piel
No importa
si tú eres blanco, blanca
negro, negra
amarillo, amarilla
rojo, roja
...o azul

Todos los colores hacen el color de mi piel
bronceado, caramelo, dorado, canela, etc.
En una palabra:
deliciosa, exquisita, exótica.

¡Inmigrante! ¡Extranjero!
Tú me gritas otra vez
y yo sonrío
porque yo sé
y tú no...

Yo sé que los padres de tus padres
migraron a mi tierra
violaron a las madres de mis madres
y de ese acto mezquino
¡De violencia!
¡De agresión!
¡De tiranía!
¡De abuso!

Los padres de tus padres pensaron
que habían tomado todo
destruído el alma, cultura y lenguaje
de las madres de mis madres
pero..

¿Adivina qué?
Incluso en las situaciones más horrendas en la vida
Naturaleza, Dios, Justicia
toma su lugar
a veces rápido
a veces una eternidad se toma
pero finalmente siempre llega

¡Estoy aquí!
¡Yo soy lo positivo!
¡El regalo!
¡La luz!
¡La estrella!
¡Que ilumina la noche más oscura en el firmamento!

Yo soy una inmigrante
siempre lo he sido
siempre lo voy a ser

*Déjame que te cuente...*

porque sólo el movimiento
es eterno en la vida
¡No me detengas!
¡No me culpes!
¡No me denigres!
Porque...

Yo soy bronceada
Yo soy dorada
¡Porque yo te tengo en mí!

¡Tu color en el mío!
Tu dolor
tus sueños
tu vergüenza
y por qué no
¡¡Tus derechos!!

¡Inmigrante! ¡Inmigrante!
Tú me gritas una y otra vez.
No te voy a parar
no voy a discutir contigo
porque yo estoy aquí no por ti
o por tus problemas
o tu falta de seguridad personal
o para ser culpado de todos tus errores

Yo estoy aquí para vivir
para respirar
para abrazar
para consolarte a ti.

¿Consolarme a mí? De pronto dices
¡Sí! Yo te respondo
Para estar a tu lado
mi hermano
mi hermana
porque estás perdido

¿Perdido? Tú repites
¡Sí!, yo te digo.
Tú, te olvidaste como vivir
como dar
como compartir

Te olvidaste que tú estás aquí
pasando por...

¿Pasando por...? Tú me preguntas
¡Si! Yo te digo
la vida es corta
la vida es sólo un viaje
que no dura
que no te permite quedarte con nada
o con nadie

¡Yo estoy aquí por ti!
¡Para consolarte !
¡Para abrazarte!
¡Para perdonarte!

Yo soy dorada por ti
yo soy bronceada por ti
¡Ven a mí!

Yo soy hispano
yo soy latina
yo soy chicano
yo soy peruana
yo soy humana
¡¡Igual que tú!!

¡¡Ámame!!
¡No me niegues!
¡Acéptame!
¡No me rechaces!
¡Yo estoy en ti!
¡Tú estás en mí!

*Déjame que te cuente...*

Solamente estamos pasando juntos
nuestra temporal vida
nuestra temporal nación
nuestra temporal encarnación
nuestra temporal humanidad

¡Ama! Yo te digo
Depende de ti viajar solo
o a mi lado
¡Conmigo!

Siempre... yo a tu lado
Y si no quieres amarme
es tu opción
pero tienes que respetarme
¡¡Siempre!!

Porque...
¡Yo soy dorada!
¡Yo soy bronceada!
¡Yo soy humana!

# Your Eyes and My Reflection

Marisol Rodríguez-Lort

Do you ask me what?
About how I migrated here?
That is your question?
Your curiosity?
Your major concern?

Let me explain to you
Just by saying
Why not?
Didn't you?
Or I should have said...
Didn't your ancestors migrate ...
Here, there, everywhere?

Oh! You are looking at my skin color?
That does not make sense to you?
One with the color of my skin living here?
With you? By you?
Breathing the same air
looking at the same sky
And working twice as much you do?
For less profit
Doing the work that you don't want to do?

Immigrant!! you said.
With your eyes
With your mouth
With your skin
With your language

*Déjame que te cuente...*

Immigrant!! You and your friends shout.
Making fun of my accent;
Looking down at the ways I do things?
Looking down at the ways I love?

Immigrants! Wet backs!
Ignorant people
Brown people!

I see you
You see me
Then I see you
And... what?!


Let me tell you
Let me inform you
My dear one
I am not brown
I am tan
I am cinnamon
I am caramel
I am gold
I am bronze
I am...

Your color is in my skin
No matter...
If you are
White
Black
Yellow
Red
or... Blue

All the colors make my skin color...
Tan, caramel, golden, cinnamon, etc.
In one word
Delicious, exquisite, exotic

Immigrant!! Alien!
You shout again
And I smile
Because I know
And you don't...

I know that your parent's parents
Migrated to my land
Raped my mother's mothers
And from that despicable act
Of violence
Of aggression
Of tyranny
Of abuse

Your parent's parents thought
That they took everything
Destroyed the soul, culture and language
Of my mother's mothers

But... Guess what?
Even in the most horrendous situations in life
Nature, God, Justice
Takes place
Sometimes fast,
Sometimes it takes an eternity
But it always arrives at last
I am here!
I am the positive
The gift
The light
The star
That brightens the darkest night in the firmament

I am an immigrant!
Always I was
Always I will be
Because only a movement
is eternal in life

*Déjame que te cuente...*

Do not stop me
Do not blame me
Do not put me down
Because...
I am tan
I am golden
Because I do have you on me
Your color in mine
Your pain
Your dreams
Your shame
And why not, your rights

Immigrant! Immigrant!
You shout! Again and again
I won't stop you
I won't argue with you
Because
I am here not for you
Or your problems
Or your lack of self steem
Or to be blamed for your own wrongdoing
I am here lo live
To breathe
To embrace
To console you

Console me? Suddenly you say?
Yes! I respond
To be by you...
My brother
My sister
Because you are lost

Lost? You repeat!
Yes! I say
You forgot how to live
How to give
How to share

Your forgot that you are here
Passing by

Passing by? You ask?
Yes! I say
Life is short
Life is a journey
Doesn't last
Doesn't allow us to keep anything
Or anybody

I am here for you!
To console you
To embrace you
To forgive you

I am golden for you
I am tan for you
Reach for me
I am Hispanic
I am Latino
I am Chicano
I am Peruvian
I am Human
Just like you.

Love me
Don't refuse it
Accept me
Don't reject me
I am in you
You are in me
We are just passing by together
Our temporary life
Our temporary nation
Our temporary incarnation
Our temporary humanness

*Déjame que te cuente...*

Love, I say
It is up to you to travel alone
Or by me
With me
Always... I am by your side
And if you do not want to love me
It's your choice
But you have to respect me
Always

Because...
I am golden
I am tan
I am a human!

# Una vida llena de silencios

Ana Lucrecia Maradiaga Velásquez

El camino era largo. Debía guardar mucho silencio, me dijeron. Desde Nicaragua era difícil pero sin duda de Tijuana a San Isidro era el trecho más contundente. La señora que nos recogió vestía elegantemente y conducía un auto de excelente calidad, "Para despistar a los policías" nos dijo. Cuando llegó a vernos a las Colinas de Tijuana nos dijo que necesitaba "examinarme." Su hija tenía tan sólo doce años, y yo ya contaba con catorce. Utilizaríamos el pasaporte de ella para poder cruzar la frontera de los Estados Unidos. El sueño dorado. Afortunadamente, siempre he aparentado menos edad, especialmente en ese tiempo. Me miró de arriba a abajo y asintió con la cabeza con una sonrisa de oreja a oreja. Obviamente, entre más pasajeros, mejor negocio. Ella conduciría su auto como si llevara a sus dos "hijas" de compras a San Diego.

Mi única posesión era la ropa que llevaba puesta, más todas las oraciones que guardaba en mi corazón y mis memorias. Durante el camino la "Sra. F" me entregó el pasaporte para que memorizara los nombres y la edad de mis "padres" y "hermanos" y por alguna razón, yo no tenía miedo. Mi abuela me había enseñado una poderosa oración: "Que el manto del Señor me cubra y me ampare". Sería mi fe o mi convicción, pero no sentí temor alguno.

Al llegar a la frontera, el guardia, como era de esperarse, paró el vehículo. Para nuestra sorpresa, sin embargo, ni siquiera se acercó. Desde su casilla preguntó, "¿Para dónde va señora?" Ella respondió que pasaríamos el día haciendo compras y que regresaríamos esa misma noche. Sin reparo alguno dejó pasar al vehículo. Y desde ese instante pertenezco a los "United States of America."

# Faith

I ended up in San Francisco. This was the city where my padrinos and my closest of kin in the USA resided. I began attending a school with one of the highest drop-out rates in the city. My first day at this particular school was even more traumatic to me than having crossed the border. Back in Nicaragua I had attended an all-girls school where everyone stood to greet their teacher, and wore white (symbolizing purity, of course) uniforms, with perfectly ironed pleats, white socks and shinning little black shoes. Not here: my school was nothing short of a jungle. Students hung in the halls, screaming obscenities at each other, pushed, shoved each other in the hallways, and spent more time out of the classrooms that in them. I had taken some English classes before, yes, I knew the main grammar rules, but couldn't speak nor understand a lick of it. I felt MUTE.

Girls looked like women to me. On my way to school, I used to pass by a middle school and I used to get teased because I looked more like an eighth grader than a high school student. Although I had taken Algebra I and Logic, due to my lack of English language I was placed in a general math class. What is 1 + 1 again? I sat next to girls who were, in fact, women. They had children. When they talked about the s-e-x word I blushed. In my English as a Second Language classes I was nicknamed "La Cerebrito" (The Brainy One). Ironically, my peers didn't poke fun at me, but rather respected me. I was the first in my seat and the one who would always be "hanging on" to my English teacher's every word. In my eyes, she was my hero and my savior. I studied English day and night, that is basically all I did. I made a friend; singular. She was as dedicated to school as I was. Everyone else was focused on being cute, but I had no time nor interest in that. I did like a boy whom I had seen around school, but that's as far as that would ever go. I had more important things to focus on, I told myself.

Except for my two English classes, I had to use a Spanish/English dictionary for everything else. I remember my physics science class. The teacher made it very clear he couldn't stand us. As soon as we would walk through the door, he would start talking about how we were a "bunch of good for nothing." I, of course, managed to find the other hard-working student in the class and at least, tried to learn something. The teacher did not teach. He would sit at his desk in the front of the classroom, give us dirty looks, and give his bilingual student aide hand-outs for us to do. He never explained anything. He never taught us anything. I have no idea how he thought we could do the work he assigned. Perhaps, he imagined, we would learn by osmosis. I think my classmate and I earned the only two single A's in the class simply by exhibiting "good" behavior. That meant, we were QUIET.

Regardless, life was good…

I was far and away from everything that brought me pain. We lived in a one-bedroom apartment. I slept in a cot next to the closet. My cousin slept on a folding mattress next to his parents' bed. It was the immigrant life. My uncle and aunt hardly saw each other: one worked all day and the other worked all night. Yet, despite the hardships, we were a happy little family. On Sundays, their only day off, my uncle would drive us to downtown South City. We would buy *chicharrones* and *carnitas* with hand-made, warm tortillas. We would also rush to the video store next door and grab a couple of videos. We would usually get some "India María" flicks and would spend the rest of our day eating and watching movies together. It was the kind of family life I didn't have before, and I really did appreciate it.

At school, I earned all A's that year. I felt proud and accomplished. I had no idea how I was going to, one day, manage to attend college. I was fourteen, undocumented, and emotionally "broken" inside. Ironically, at the time, I didn't consciously know it. I was carrying a history of mental, physical, and sexual abuse within me. As I would learn much later in life, it is not uncommon for sexual abuse victims to bury their trauma so deep within themselves and their consciousness, that they completely "erase" it from their memory. Their mangled bodies, however, later reveal their truth. This I would also find out much later in life.

It seems like yesterday that I was taking the BART to my favorite public library. I started "reading" teenage love novels that I could not quite comprehend. My best friend, my English/Spanish dictionary, would always accompany me. It would always be by my side. My hunger for learning never subsided. As a matter of fact, it was very rewarding. Two years after arriving in San Francisco I was packing my bags once again: I obtained a full-paid scholarship to attend a preparatory school in the Los Angeles area. Graduating from college, however, proved to be a much more challenging road. It took me not four, but six years to obtain my degree.

Yet, I never desisted from reaching my goal. I never gave up. Quitting school was never an option for me.

I graduated Magna Cum Laude with a degree in Spanish and philosophy. I was certain I wanted to attend law school and become an immigration rights activist; so I did for one semester. Enough to look around the classroom during my Contracts I course, and ask myself what I was doing there. It felt foreign to me. Books. I love books. I can live and sleep in a library, nestled against book shelves. Yet, I would pick up a book on statutes, and literally fall asleep. I always share this story with my students. I tell them going to law school was the best thing that could have happened to me. It made me realize what I truly wanted to do.

Four years later, I graduated from my master's program. I began to teach at several community colleges. Teaching, I found out, was my life-calling. Currently, I am pursuing a TESOL (Teaching English for Speakers of Other Languages) certification. I continue to be passionate about being an educator. My students inspire me and teach me life-lessons every single day. I truly feel fortunate to share my knowledge and life-experiences with my adult-learners. In the near future, I plan to seek a specialization in Linguistics and teach abroad. I feel thankful for the opportunities I have been given. More than anything, I feel fortunate that no matter what adversity I faced, I always chose to take a step forward, and never looked back... and more importantly, never be silenced once again.

# Bajo las estrellas y sobre las montañas

Marco Tulio Cedillo

*Honduras*

Nací en Las Marías, una aldea muy pequeña, en la frontera de Honduras y El Salvador en la década de los sesenta. Soy el primero de once hermanos y éramos una familia pobre que apenas sobrevivía porque mi papá tomaba bastante alcohol y no ayudaba mucho económicamente en la casa. Una vez tuvimos que vender parte del terreno que teníamos para pagar dinero que debíamos. Para sobrevivir teníamos algunas vacas, cerdos, gallinas, patos y cultivábamos maíz, frijoles, arroz, caña de azúcar, ayotes, yuca, guineos y árboles frutales. Para comprar nuestra ropa y otras cosas que necesitábamos, teníamos que ir a vender lo que producíamos. Vivíamos en un área muy rural, yo lo llamo el monte porque todo alrededor de la casa era monte, a treinta minutos caminando de la casa más cercana. Mi familia era pobre pero recuerdo que siempre estábamos alegres y además, ser pobres no era extraño en esos tiempos. Nuestra forma de vida era algo que aceptábamos de la misma forma en que aceptábamos nuestras dos estaciones del año.

Recuerdo que cuando éramos pequeños, hasta como la edad de cinco años, muchas veces andábamos desnudos en la casa porque la ropa sólo la usábamos cuando íbamos a los pueblos o a la escuela para que nos durara mucho tiempo. No empecé a ir la escuela primaria hasta que tenía ocho años. La razón no fue porque no tenía ropa sino porque la escuela más cercana estaba en los pueblos de Santa Lucía o Magdalena, localizados como a treinta minutos a pie y teníamos que pasar una quebrada que era peligrosa durante la época de lluvias. Todo el tiempo que estuve en la escuela primaria iba sin zapatos y sin ropa interior porque nunca teníamos dinero para comprarlos. En aquellos tiempos era muy raro que alguien de mi lugar fuera a estudiar después de terminar el sexto grado. Aunque era un buen estudiante en la escuela primaria y siempre tenía el deseo de seguir estudiando, pensé que eso no iba a ser posible porque éramos muchos hermanos, éramos pobres y mi papá no dejaba las bebidas alcohólicas. Otra cosa que hacía imposible mi sueño de seguir estudiando era que el colegio más cercano estaba lejos de la casa de mis padres. Para continuar mis estudios tenía que ir a vivir a otro pueblo y regresar a la casa durante los fines de semana. De alguna manera mi mamá hizo realidad mi sueño al tomar control del gasto económico de la casa y pedir dinero prestado para que primero yo, y después mis hermanos, continuáramos estudiando. Cuando fui a estudiar al colegio fue cuando tuve mi primer par de zapatos y ropa interior.

En 1977 empecé a estudiar el séptimo grado en el Instituto "Santo Tomás de Aquino" en Camasca, Intibucá, Honduras. Un poblado a cuatro horas caminando de la casa de mis padres. Cada domingo por la tarde caminaba desde mi aldea hasta Camasca cargando una mochila con mi ropa y un saco con maíz, huevos, jabón, queso y frijoles para que Doña Chunga me preparara la comida de toda la semana. Pagaba once lempiras (unos seis dólares) mensuales para que me hiciera la comida y me diera un lugar para dormir. Cada sábado por la tarde regresaba a casa para que mi mamá me lavara la ropa y me preparara más comida para la siguiente semana. Regresaba los sábados por la tarde porque en ese tiempo recibíamos clases los sábados por la mañana. Cuando estaba en octavo grado me dieron una beca del gobierno porque mis notas eran excelentes. La beca no me cubría todos los gastos del colegio ni hospedaje, ni comida, ni ropa pero en algo me ayudaba; me la siguieron dando hasta el onceavo grado y después por razones políticas me la cortaron el último año del colegio.

Después de que terminé mis estudios de ciclo común pasé a los estudios diversificados de magisterio en la "Escuela Normal de Occidente" en la ciudad de La Esperanza. Ahora la distancia era de 95 kilómetros de mi casa pero como la carretera es de tierra y la zona es muy montañosa, el viaje tomaba como siete horas. Estaba en La Esperanza de febrero que es cuando empiezan las clases en Honduras hasta noviembre que es cuando termina el año escolar. Iba a visitar a mis padres una o dos veces al año y pasaba los meses de vacaciones con ellos, diciembre y enero. En diciembre de 1980 y en otras vacaciones, recuerdo que mi papá, uno de mis hermanos, otros amigos y yo cruzamos la frontera hacia El Salvador para cortar café en Ciudad Barrios y Santa Ana. Cortar café es un trabajo duro porque es en las montañas y el alimento que proveen es comida de perro. También era duro estar separado del resto de la familia por dos meses, pero el sacrificio valía la pena porque estábamos enjaranados debido al costo de nuestra educación y gastos de la casa.

En Honduras al igual que en otros países centroamericanos en ese tiempo uno podía trabajar una vez que se graduaba de doceavo grado. En 1982 me gradué de maestro de educación primaria y a pesar de que me gané una beca para continuar estudios universitarios decidí ir a trabajar en una escuela primaria. Debíamos mucho dinero y quería que mis otros hermanos estudiaran, por eso tomé la decisión de trabajar en vez de continuar estudiando.

Cuando tenía veinte años conseguí mi primer trabajo como director de la escuela primaria "José Trinidad Reyes" donde había tres profesores. Un profesor enseñaba primer grado, otro enseñaba segundo y tercero, y yo enseñaba cuarto, quinto y sexto grados. De cualquier modo, mis sueños de seguir estudios universitarios no se acabaron cuando empecé a trabajar. Luego me di cuenta que la Universidad Pedagógica Nacional de Honduras "Francisco Morazán" ofrecía estudios a distancia por lo que después de mi primer año de trabajo decidí matricularme en la carrera de Ciencias Sociales. Como director de la escuela recibía la oportunidad de aprovechar los sábados para tomar clases de estudios universitarios a distancia. Durante la semana estudiaba mientras trabajaba y cada dos fines de semana viajaba a La Esperanza a tomar exámenes de mis clases. Estudiar a distancia fue muy duro para mí pero debido a mi juventud, mi gran energía y mis sueños pude salir adelante. Los viernes después del trabajo caminaba por dos horas a mi casa para buscar ropa limpia y después caminaba treinta minutos al pueblo más cercano para tomar el bus a media noche y llegaba desvelado y polvoso a La Esperanza donde tomaba clases todo el día sábado y tenía exámenes el domingo. Aunque parezca extraño, pero los buses en ese tiempo eran carritos de paila (pickups) con dos bancos para sentarse, uno a cada lado. A pesar de lo difícil que era viajar amontonados junto con animales y maletas, tengo buenos recuerdos de esas noches frías viendo las estrellas y cruzando montañas. El domingo después de tomar los exámenes hacía el viaje de regreso para empezar otra vez la misma rutina de la semana.

Lo bueno es que en esta vida no todo dura para siempre, eventualmente lo bueno y lo malo pasan. En 1986 fui nombrado director del Instituto "Concepción de Guarajambala" en Concepción, Intibucá. Este colegio es para estudiantes de séptimo a noveno grados. Allí di clases de matemáticas, estudios sociales y educación cívica. Esta fue una buena oportunidad por ser un mejor trabajo, con más dinero y por estar más cerca a La Esperanza donde pasaba bastante tiempo por mis estudios universitarios. Después de un año de trabajo en Concepción fui bendecido una vez más al obtener una beca que me permitió darle a mi familia el sueldo que ganaba en Honduras porque me pagó todos los gastos para venir a estudiar por dos años en una universidad estadounidense. Esta beca me fue otorgada por la Agencia Internacional de Desarrollo de los Estados Unidos tomando en cuenta mis buenas calificaciones como estudiante a distancia de la Universidad Pedagógica Nacional. Así fue como en enero de 1987 llegué a la Universidad de Tennessee en Martin donde estudié por dos años.

En 1987 estudié inglés en un programa intensivo y en 1988 tomé clases en el área de educación. En el año de 1989 regresé a trabajar al colegio en Concepción donde conocí a mi esposa, Mari. Ella es del estado de Minnesota y trabajaba como voluntaria del Cuerpo de Paz. En 1990 me casé, el siguiente año me gradué con un bachillerato universitario y trabajé por algunos meses en el colegio bilingüe "Mayan School" en Tegucigalpa donde impartí clases de estudios sociales y educación cívica.

*Estados Unidos*

A principios del año de 1992 mis padres en Honduras se fueron a vivir a La Esperanza, una ciudad pequeña de unos 8,000 habitantes donde existían todas las escuelas y colegios que mis hermanos necesitaban para seguir estudiando. Al mismo tiempo, mi esposa y yo nos vinimos para los Estados Unidos para continuar estudios de posgrado. Decidimos vivir en Charlottesville, Virginia porque uno de mis hermanos vivía cerca de allí. Obtuve mi primer trabajo como lavador de platos por dos meses en un restaurante americano llamado "Ponderosa." Este trabajo no fue bueno porque sentía que me discriminaban; a pesar de trabajar largas horas, no me daban descansos ni otras prestaciones que otros trabajadores americanos disfrutaban. En búsqueda de un mejor trabajo entré a "Burger King" donde el ambiente fue aún peor pues me ponían a hacer los trabajos menos deseados como asear baños, limpiar el piso o arrancar hierba afuera del restaurante. Nunca me dejaban descansar al igual que lo hacían los otros trabajadores americanos y se enojaban cuando pedía permiso del trabajo.

Afortunadamente mi título universitario de Honduras fue aceptado aquí en los Estados Unidos y en agosto de 1992 tomé un trabajo como profesor de español en el colegio "Lenoir High School" en el condado de Lenoir en Carolina del Norte. Di clases a estudiantes principiantes y avanzados de noveno a doceavo grados. Tuve una mala experiencia con la disciplina de los estudiantes que no respetaban a los profesores y que no concebían tener a un hispano de maestro, ya que sólo habían visto gente como yo trabajando en los campos de tabaco, por lo que después de un año decidí ir a estudiar una maestría en geografía y planeamiento urbano en la Universidad de East Corolina en Greenville, Carolina del Norte. Mi esposa y yo estudiamos juntos y nos graduamos con una maestría en mayo de 1995. En febrero de ese mismo año nació nuestro primogénito y ahora tenemos cuatro hijos bilingües.

De 1996 a 1998, trabajé como profesor adjunto de español en "Southside Virginia Community College" en Alberta, Virginia. Parte de 1997 y 1998 trabajé como jefe asistente en un restaurante chino en Roanoke, Virginia. En febrero de 1999 abrí un restaurante mexicano en Forest, Virginia llamado "El Burrito" pero no me gustó el trabajo tan pesado que implica un negocio así y como para entonces ya teníamos tres hijos, decidí vender el restaurante. Por suerte en ese mismo año conseguí un trabajo como profesor de español en "Lynchburg College" en Lynchburg, Virginia donde aprecian mi trabajo por lo que me siento muy contento y tengo muy buena relación con profesores, estudiantes y demás personas que trabajan allí.

La vida nos da muchas cosas buenas y malas, pero somos nosotros los que tenemos que decidir lo que queremos ser. El gran escritor Miguel de Cervantes dijo: "Los peores enemigos a los cuales debemos combatir principalmente, están dentro de nosotros." Nacer pobre no es una excusa para no buscar maneras de superarse en la vida. La educación es muy importante para que una persona pueda obtener un buen trabajo y los recursos económicos indispensables para sostener a una familia. Pienso que trabajar duro y honradamente es la mejor manera para triunfar en la vida. Como hispano creo que también es importante preservar nuestra propia cultura así como el contacto con la tierra que nos vio nacer para enseñar a las nuevas generaciones a vivir en una comunidad global con paz y armonía.

# Under the Stars and Over the Mountains

## Marco Tulio Cedillo

*Honduras*

I was born in the 60's in Las Marias, a small village in Honduras close to the border with El Salvador. I am the oldest of eleven children and my family was very poor. We were poor because we were stuck in a life of subsistence farming and also because my father was a drunk. The little bit of money we were able to save and the extended lands we once owned were lost to his habit. To survive, we raised a few cows, pigs, chickens, and ducks and grew our own corn, beans, rice, squash, yucca, sugar cane, bananas, and other fruits. In order to buy our clothing and cover a few other needs, we would sell some of what we raised and produced. We lived in an adobe house with no electricity or running water in a remote mountainous area, out in the middle of nowhere, a thirty minute walk from the nearest small town. We were poor but somehow being poor as we grew up was not a strange or ugly situation. It was something we accepted just as we accepted the two seasons we have in Honduras. It was a happy childhood.

I remember that when we were little, until about the age of five, it would be common to walk around the house naked; we couldn't wear out our clothing because we needed to save it for our trips to town, for school, for church or for a visit to someone. I didn't begin going to school until I was eight years old. It wasn't shame or lack of clothing that held me back; rather the distance to the nearest school which was in another town, either Santa Lucia or Magdalena. It was over a thirty minute walk to get there, and we had to pass through a stream that became quite dangerous to cross in the rainy season. Once I did start, I passed my entire primary school years without shoes or underwear.

At that time, it was almost unheard of for anyone in our village to study beyond the sixth grade. I was a good student in elementary school and wanted to continue studying, but thought it would be impossible because there were so many of us, we were so poor and my dad was still spending our money at the cantina. My dream seemed even more impossible because there was no junior high school within walking distance of the house. I would have to move to another town and live there during the week and only come home to visit on weekends, but somehow, my mom made my dream come true: she took responsibility of the money in the house and went to borrow some more from people in town. This way, first I, and then all my siblings, had enough for the school uniforms, supplies, and extra needs to continue studying past the sixth grade. It was just before I went away to junior high that I got my first pair of shoes.

In 1977 I began the seventh grade at Saint Thomas Aquinas Institute in the town of Camasca, Intibucá, Honduras which was a four-hour walk from my parents' house. Every Sunday afternoon, I would leave my little village and walk to Camasca carrying my backpack with clean clothes as well as my food supplies: a bag of dried corn (for tortillas), eggs, cheese, and beans all of which I would hand over to Doña Chunga, who was in charge of preparing my food for the week. We paid her the equivalent of about six dollars a month for giving me a place to sleep and preparing my food. Every Saturday afternoon, I would return home and my mom would wash and iron my uniform, and get food for the following week. In eight grade, my academic success provided me with the opportunity to receive a scholarship from the government; although it didn't cover all my expenses, it really helped. I was able to keep this scholarship until the eleventh grade when I sadly lost if for political reasons.

After junior high, I continued my studies by going to high school at a normal school, which is a school to prepare teachers. It was called "Escuela Normal de Occidente" located in La Esperanza, a city of about eight thousand people, roughly sixty miles from home. On the bumpy dirt roads that wind through the mountains the drive would take about seven hours. I could only go home once or twice a year and also during the months between the academic years. During two of these extended school breaks, I remember that my father, my brother and I crossed into El Salvador for two tough months to pick coffee. It was a hard time, the physical labor intense and the separation unbearable, but my family was falling into debt because of the cost of our education and this was the only way for us to pay back.

In Honduras, as well as other Central American countries, one could get a job teaching after graduating from a normal school, so in 1982, I graduated with a certification to teach elementary school. At that time, I faced a difficult decision: to accept a scholarship in order to continue my studies at the university or to take a job as elementary school teacher. Out of family necessity, I took the teaching job.

Therefore, at the age of twenty, I went off to my first official job working as the principal and teacher at the "Jose Trinidad Reyes" elementary school that had a total of three teachers, one taught first grade, another second and third, and I taught fourth, fifth and sixth grades. However, my dream to continue my studies didn't end when I started working. After my first year of teaching, I signed up and started to study through a distance learning program offered by the university. During the week I would study my lessons after work each day and then I would travel every weekend for classes. It was a grueling time and only the fact of being young, full of energy, ideals and dreams could sustain me. On Fridays, after teaching, I would walk two hours to my home, eat and get clean clothes, walk the thirty minutes to town to catch the midnight transportation. The only way to travel then was in the back ends of pick-up trucks, they had hand-built benches on both sides and between the benches was some space for cargo and extra passengers. If it sounds punishing is because it was, but I also have pleasant memories of the raw beauty of those starry nights mixed with the freezing cold, as we rode into the higher mountains and of course, I remember being squashed as people, small livestock and large bundles of products that would be sold at the city market. We were all somehow piled in. I would arrive dusty and tired after this all night trip, but I had to be ready for a day of classes on Saturday and exams on Sunday morning, and then the ride back and walk back to my teaching village to begin the routine again on Monday.

But, "todo pasa en esta vida" or nothing lasts forever, and in 1986, I was named principal of a new junior high school in a town called Concepcion. I was the principal of this 7th-9th school in addition to teaching math, civics, and social studies. This was a great job, much closer to the city La Esperanza where I had to be most of the much time and luckily, I also received a pay raise. Because of my good scores on a competitive exam and my good college grades, the United States through the program AID, offered me a two year scholarship to study at the University of Tennessee at Martin. Since this scholarship paid my Honduran teaching salary to my family while I was away, I was able to accept it. I studied English and social sciences at Martin. It was a wonderful time for me. I returned to my job in Concepcion in 1989 and met who would eventual become my wife Mari, a Peace Corps volunteer from Minnesota. We married in 1990, and then in 1991, my life transitioned again: I finally finished my college degree, left Concepcion and moved to Tegucigalpa, the capital, where I taught for a semester at the Mayan School, a bilingual school for the wealthy.

### United States

In January of 1992, my parents moved from the border area to the city of La Esperanza. It was a good move because the city had all the schools needed for my younger siblings to attend while still living at home. It was safer there, the border was getting a little dangerous at this time. Finally, it was the first time my parents lived in a house with electricity and running water.

My wife and I chose to move to the United States and we decided to live in Charlottesville, Virginia since I had a brother living close by. My first job in the US was working as a dishwasher at Ponderosa. It was an unhappy situation where I felt discriminated; no matter how many hours I worked, I never got a break or the benefits the other workers seemed to enjoy. Looking for something more bearable, I switched to Burger King. This job was even more unpleasant: I was given the dirtiest, more demeaning jobs; once again, I was never given a break, a smile, a thank you or the trust that other workers received.

Luckily, my college degree from Honduras was finally translated and accredited here, and I was able to get a job teaching Spanish at South Lenoir High School, located in the southern part of North Carolina, just south of Kinston. We lived in a house right in the middle of a tobacco field. I taught beginning Spanish classes to high school students who seemed to have only seen Latinos like me picking tobacco out in the many fields. I was not prepared for the lack of respect teachers receive from students, and they were perhaps not prepared to learn from someone like me either. After one year of teaching, I decided to continue studying to get my Master's Degree in Planning at the nearby East Carolina University. My wife and I studied and graduated with a master's degree in the spring of 1995. Our first son had been born in February of the same year and we now have four bilingual children.

From 1996 to1998, I worked as a Spanish adjunct professor at Southside Virginia Community College. I also tried my luck in the restaurant business working as part owner and assistant manager at a Chinese restaurant in nearby Roanoke. Later, I opened my own Mexican restaurant in Forest, Virginia, but I didn't like leaving my young children while working such long hours, so I sold the restaurant. In the fall of 1999, I was hired as a Spanish professor at Lynchburg College. I have been very happy working there, it is a good place where there is more acceptance of different types of people and cultures. They appreciate what I have to offer and I appreciate the community, it is where I am today.

Life gives us many good and bad things, but we are the ones

who decide what our future will be. The great writer Miguel de Cervantes once said: "The worst enemies we have to fight against are inside our souls." To be born poor is not an excuse to stop us from reaching our goals. Education is very important for a person to get a good job and the economic resources needed to support a family. I think that hard work and honesty are the best ways to be successful in life. I also believe that is very important to preserve our Hispanic culture and the contact with our homeland to teach younger generations to live in a global community with peace and harmony.

# Entre libros y experiencia... déjame que te cuente

Teresita Ronquillo

*I*

Cuando era niña, siempre acompañaba a mi mamá a los cursos de superación y entrenamientos que se impartían en los veranos. Vivíamos en Cuba y mi mamá era maestra de primaria. Este evento era increíble, pues todos los maestros presentaban actividades originales para enseñar lenguaje y lectura, aritmética, ciencias, estudios sociales, entre otros. Algunas veces yo cooperaba con ella; presentaba diálogos con títeres, sombras chinescas, declamación o dramatización de poemas; y así fui experimentando el mundo de la clase y la enseñanza. Nunca pensé que iba a ser maestra, pues siempre los padres quieren que los hijos sean abogados o médicos. Sin embargo, parece que estos antecedentes crearon en mí cierta afinidad por sentir la emoción de enseñar a los demás. Al terminar el pre-universitario, ocurrió un evento trascendental que cambió mi vida para siempre: *fui mamá a los 16 años...*

La responsabilidad de ser madre está más allá de todas las expectativas pero la asumí como pude. Interrumpí los estudios y pensé que todo quedaría allí: entre cuatro paredes, pañales, biberones y lavado a mano de enormes cantidades de ropa. Pronto volví a tener otro niño y luego otro más; a mis 21 años ya eran tres, "un número bastante redondo..."

Sin embargo siempre me gustó leer, era algo mágico para mí porque cuando era niña y no me dejaban salir de mi casa, me ponía a leer un libro y así me escapaba a través de las páginas y de las historias. Empecé con los de mi edad y luego, leí todos los de mi padre y los que me encontrara. También la biblioteca de la ciudad me ofreció ilimitadas posibilidades. Entonces, en esta ocasión, otra vez la lectura vino en mi auxilio y entre bebés que lloraban y comidas que cocinar y mucha ropa que lavar, me consolaba con un buen libro. Toda la Literatura Española, Europea, Latinoamericana, Antiguas y Orientales (epopeyas y mitos), la Greco-Latina (mitos, leyendas y los grandes trágicos). Entre mis preferidos: Shakespeare, Cervantes, Lorca, Galdós, Machado, Miguel Hernández, Sor Juana, Garcilaso, Darío, Neruda, y por supuesto, Martí con la poesía, ensayos y artículos; en fin la lista es muy larga. Cuando mecía a mis niños para dormir, tomaba el libro y leía; también al ir al baño, o antes de caer dormida, exhausta por el trabajo físico.

El tiempo pasó y tuve la oportunidad de trabajar. Los niños eran pequeños pero siempre la familia latina se apoya mucho. ¿Qué trabajo haría? Por supuesto el de maestra porque tenía una influencia muy cercana. Empecé dando clases por las noches en una secundaria y luego en la Facultad Obrera Campesina para adultos que necesitaban tener la educación general terminada para poder entrar a estudiar una carrera. ¿Qué asignatura impartiría? Español y literatura, de seguro, pues tanta buena lectura y la base de un pre-universitario terminado me hacían una buena candidata. En esas clases les enseñé a los adultos a manejar la lengua escrita con ortografía, buena redacción y estilo. También la conjugación correcta de los verbos y la relación entre todas las palabras que conforman el vocabulario de la lengua para evitar la redundancia y la pérdida del sentido en las frases, oraciones y párrafos.

A la vez, empecé cursos para obtener la certificación de maestra de español en la escuela media y superior. Así, cuando terminé todo en dos años, empecé a trabajar en una secundaria básica cerca de mi casa. Los niños iban a un "círculo infantil" –tipo guardería, y la niña mayor a la escuela. Entonces vino el gran desafío porque necesitaba un título universitario para poder tener la certificación completa. ¡Qué difícil con tres niños! Sin embargo, mi abuela que también era mi madrina de bautismo se convirtió en "mi hada madrina." Siempre me decía: "M'ijita, no puedes dejar de estudiar, eres muy joven e inteligente y no lo voy a permitir." Y me decía su proverbio preferido: "La vida es como un tigre en la que tienes dos opciones: cabalgas sobre él dominándolo o corres delante hasta que te atrape y acabe contigo." Cada vez que me sentía exhausta, agobiada, ella me decía estas palabras para hacerme reaccionar y gracias a Dios que siempre lo consiguió. Me cuidaba los niños una vez a la semana, lo que me permitía tomar las clases ese día y a la semana siguiente hacía todos los ensayos, tareas de gramática, fonética, latín, filosofía, entre muchas otras. No sé cómo pude trabajar tanto en ese tiempo pero a las mujeres que empezamos siendo madres muy temprano, la vida nos da una fuerza extra para podernos superar y una abuela maravillosa para apoyarnos; a cambio, ella sólo me exigía sacar A en todo. Al terminar, me gradué con diploma de oro y mi maestra de Lingüística General se retiró y dijo: "Teresita puede dar mis clases en la universidad." A pesar de que había leído mucho y me gustaba la literatura, la lingüística me fascinó desde el primer día y parece que ese embrujo decidió mi vida profesional. Entonces de ser la adolescente frustrada, dependiente de un hombre que nunca me consideró, me convertí en profesora de la universidad donde me acababa de graduar y... "comencé a cabalgar sobre el tigre." Si bien esto era mejor que correr delante de él, no era nada fácil sostenerme fuertemente arriba de esta fiera para no caer...

## II

A partir de aquel momento trabajé en la universidad desde 1984 hasta 1996 cuando salí de Cuba. Realicé muchos cursos de post-grado en lingüística, fonética, espectrografía, sociolingüística, etc. También participé en investigaciones como "El español de Cuba" como especialista de fonética y fonología. Asimismo, trabajé como lingüista en el "Diccionario Geográfico de Cuba." Todo esto me sirvió en mi trabajo profesional para obtener una beca y estudiar un programa de graduado de Lingüística Hispánica en la UNAM (Universidad Nacional Autónoma de México). En ese país tuve experiencias importantes que me sirvieron para mi crecimiento profesional. Sin embargo, después de tener 68 horas de estudios de postgrado en Lingüística Hispánica, no recibiría el título si no regresaba a Cuba. Este procedimiento formaba parte de la forma coercitiva del gobierno cubano para controlar a los profesionales. Ya tenía escrita la tesis de disertación sobre el "Estudio sociolingüístico de las secuencias consonánticas en el habla de Camagüey, Cuba" la cual quedó sin defender. No obstante, había decidido no regresar jamás a mi país por lo que sólo pude obtener un acta académica con las asignaturas y calificaciones con el estatus de pasante de doctorado. Crucé la frontera norte y pedí asilo político como cubana que escapaba de la opresión del régimen castrista.

## III

Al llegar a "la tierra prometida" uno se da cuenta que el camino es más difícil de lo imaginado. La primera impresión pasa rápidamente por la falta de conocimiento del inglés o el que se maneja es sólo a nivel de lectura sin habilidades comunicativas; además, aunque se logre aprenderlo, no se puede evitar un fuerte acento extranjero. Al enfrentar esta nueva realidad, se comprende que todo lo hecho anteriormente no cuenta y que se necesita estudiar como si se fuera "una joven inexperta" aunque se cuente con más de veinte años de trabajo a nivel universitario en dos países y con diferentes programas en español.

Trabajé en una tienda como vendedora por seis meses donde me encontré con una amiga y colega que me contactó con la Universidad de Nuevo México. Empecé el programa de maestría en agosto de 2001 y me gradué en tres semestres con una Maestría en Español en el área de Lingüística y decidí hacer un Doctorado en Bilingüismo y Educación Bilingüe. Tuve mucha suerte porque esta universidad aceptó 24 horas del programa que había hecho en México en Lingüística Hispánica, lo cual me ayudó para entender la complejidad sociolingüística de los hablantes del español en los Estados Unidos. Me dediqué tres años a estudiar y terminar este programa; aprendiendo inglés y dando clases de español para sobrevivir. Fue muy difícil pero lo logré. Me gradué en diciembre de

2005 y pasé a la siguiente fase: la búsqueda de trabajo y el intento de insertarme en el sistema educativo.

Al enseñar clases de español como segunda lengua (L2) o como lengua heredada (L1), uno comprende que no se puede aplicar la misma metodología que se ha usado antes, se necesita utilizar nuevas estrategias y adaptarse a los nuevos estudiantes y sus necesidades. En lo personal, fue un aprendizaje hermoso que me ayudó mucho a entender la nueva realidad: el español de Estados Unidos no es exactamente como lo manejamos en la academia hispana de nuestros países, con muchos requisitos ortográficos, gramaticales, de estilo y más. Es una lengua flexible que se adapta a las necesidades comunicativas y siempre en comparación con el inglés porque están en contacto; incluyendo también el famoso "Spanglish" presente en la poesía de los poetas nuyoricans y el fraseo popular del suroeste del país.

Pienso que no he tenido mucho éxito y que "mi sueño americano" todavía está por realizarse. Si bien reconozco que he sido privilegiada porque he podido enseñar Fonética y Fonología del Español, Gramática y Composición Avanzada, Cultura Hispánica, entre otras materias, ha sido muy difícil examinar a los estudiantes porque no siempre los estándares se implementan de igual forma en todos los lugares del país. Considero que he logrado un proceso de crecimiento participando en las actividades que desarrolla el College Board of Education. En nuestras reuniones he logrado sentirme incluida, reconocida y segura de la calificación otorgada a los estudiantes. Estos años han sido increíbles y maravillosos, compartiendo con colegas de toda la unión americana; es un privilegio formar parte de esta comunidad académica y espero trabajar con esta institución mientras me necesiten. Finalmente, estoy segura de que existe un lugar donde haga falta y pueda ayudar a nuestros estudiantes a alcanzar sus metas.

¡Gracias, América!

# Among Books and Experience...
## Let me tell you

Teresita Ronquillo

*I*

When I was a child, I always accompanied my mother to courses in self-improvement and training that were taught in the summers. We lived in Cuba and my mom was an elementary school teacher. These events were incredible, because the participants presented original activities for teaching language and reading, arithmetic, science, and social studies. Sometimes, I cooperated with her; I performed dialogues with puppets, did Chinese shadows, declamation, or dramatization of poems. I was experiencing first-hand the world of classrooms and education. I never thought that I would be a teacher, because as any parents, mine always wanted their children to be lawyers or physicians. However, it seems that this background created in me the affinity to feel the thrill of teaching others. However, at the end of the pre-university education cycle, a momentous event changed my life forever: *I became a mom at the age of sixteen...*

The responsibility of being a parent was beyond all expectations, but I took it as well as I could. I interrupted my studies and thought that everything would end there; between four walls, diapers, bottles and hand-washing huge amounts of clothing. Soon, I had another child and then a third one; by the time I was twenty one there were already three, "a fairly round number..."

Nevertheless, I've always liked reading, it was something magical for me because when I was a child and I would not be allowed to leave my house, I would start to read a book, and thus I escaped through the pages and stories. First, I started reading books for my age, then, read all of my father's books, after them, any book that I could find. The city library also offered me unlimited possibilities... Once again, reading came to my aid when I found myself among babies who were crying, cooking meals and lots of clothes to wash; I was consoled with a good book. At this point, I had read all Spanish, European and Latin American literature, old and Oriental epics and myths, the Greco-Roman myths, legends and the great tragedies that I had at hand. Among my favorite authors were: Shakespeare, Cervantes, Lorca, Galdos, Machado, Miguel Hernandez, Sor Juana, Garcilaso, Dario, Neruda, and of course, Marti with his poetry, essays and articles. The list is very long. As I was rocking my children to sleep, I took a book and read; I read in the bathroom, and before going to sleep, exhausted by physical work.

Time passed and I had the opportunity to work. The children were small but fortunately, the Latino family is very supportive. What job would I do? Of course, I was a teacher; I had a very close kinship. I started teaching classes in the evenings in a middle school, and then at the high school for adults who needed to complete their general education to be able to study at the university level. What subject was I to teach? Spanish and literature, of course, because with so much reading and my general education finished, I was a good candidate to teach in the Cuban educational system. In those classes, I educated adults in how to handle the written language with proper spelling, good writing and style. Also, they could learn the correct conjugation of verbs and the relationship between all the words that make up the vocabulary in order to avoid redundancy and loss of meaning in phrases, sentences and paragraphs.

At the same time, I started courses to obtain a teacher certification to teach Spanish at the middle and high school levels. I finished the courses in two years and I started to work at a high school near my house. The children were going to a "children's circle" (daycare) and my oldest girl started school. Then a big challenge came: I needed a degree from a university to gain full certification. It was going to be very difficult with three kids! However, my grandmother, who also was my godmother by baptism, turned into "my fairy godmother." She always told me: "M'ijita, you cannot stop studying; you're very young and smart, and I will not allow it." Then, she told me her favorite proverb: "Life is like dealing with a tiger, you have two options: you can ride upon the tiger and dominate it or run in front of the tiger until it catches and finishes you." Every time I felt exhausted, overwhelmed, she told me these words to make me react and thank God for what I had. She was caring for my children once a week so I could take classes on that day and the following week I studied for all the tests, did my homework, assignments on grammar, phonetics, Latin, philosophy and more. I still don't know how I could manage both work and school at the time, but when women start motherhood very early in life, we are given the extra strength to overcome difficulties. Also, the wonderful support of my grandmother was extraordinary for my success; her only requirement was for me to obtain straight A's. At the end, I graduated with the Gold Diploma of distinction. My general linguistics professor had retired and she said to me: "Teresita, you can give my classes at the university." While I had read much and I liked literature, linguistics had fascinated me from the first day and it seems that this preference decided my professional life. So, from the frustrated teenager, dependent on a man who never saw my worth, I became a professor at the university where I had just graduated and... "I started to ride on the tiger." While this was better than running in front of it, still was not easy to hold firmly on top of this beast so I would not fall...

*II*

I worked at the university from 1984 until 1996 when I left Cuba. As professor, I took many post-graduate courses in linguistics, phonetics, spectrographic, sociolinguistics, and more. Also, I participated in research on "The Spanish of Cuba" as a specialist in phonetics and phonology. I worked as a linguist in the

"Geographical Dictionary of Cuba." All these helped me in my professional work because I obtained a scholarship to study in the graduate program of Hispanic Linguistics at the UNAM (National Autonomous University of Mexico). At this time in Mexico, I had significant experiences that helped me in my professional growth. However, after sixty eight hours of graduate studies in Hispanic Linguistics, I would not receive any degree unless I return to Cuba. This procedure was part of the coercive program from the Cuban Government to control professionals. I had written a thesis dissertation concerning a "Sociolinguistic Study of Consonant Sequences in the Speech of Camagüey, Cuba" which had not been presented. However, I decided not to return, at the cost of only getting an academic record (transcripts) with the status of ABD. I crossed the USA-Mexico border and asked for political asylum as a Cuban citizen who had escaped from the oppression of the Castro's regime.

### III

At the arrival to "the promised land" one realizes that the path is more difficult than one had imagined. The first impression ended quickly because the English I knew was only at a level of reading without interpersonal communication skills; although one can learn it, the strong accent is unavoidable. In the face of this new reality, I understood that everything I had done previously was not accredited and that I needed to sit down and study as if I were "an inexperienced novice" even if I had had more than twenty years of work experience and knowledge at the university level in two countries and with different programs in Spanish.

I worked at a store as a saleswoman for six months where I met a friend and colleague that connected me with the University of New Mexico. I could start the master's program in the fall of 2001. I graduated in three semesters with a Master's Degree in Spanish Linguistics and I decided to study a doctorate in Bilingualism and Bilingual Education. I was very lucky because this institution accepted twenty four credit hours in Hispanic

Linguistics transferred from the program that I had completed in Mexico. My new studies helped me understand the sociolinguistic complexity of the Spanish speakers in the United States. I spent three years studying and I was able to finish this program learning English and teaching Spanish to survive. It was very difficult for me, but I could deal with it. I graduated in December 2005 and went on to the next professional phase: the search for a job and to connect with the education system.

When I started to teach classes of Spanish as a second language (L2) or as heritage language (L1), I realized that I could not apply the methodology that I had used all my life. I learned how to use new strategies and to adjust to new students and their needs. It was a beautiful learning experience which helped me understand my new reality: a Spanish language style from United States is not exactly what we were using in the Hispanic Academy practiced in our native countries, with many spelling requirements, style, and so on. It is a flexible language that adapts to the communicative needs of the students and is always in comparison with English. My students are in constant contact with both forms of language; including the famous Spanglish present in the poetry of Nuyorican poets and the popular phrasing of the Southwest.

Although I have not been very successful, my "American dream" is yet to be fulfilled. However, I have been privileged because I have taught Spanish Phonetics and Phonology, Advanced Grammar and Composition, Hispanic Culture, and other subjects that I love.

Since standards are not always handled equally in all parts of the country, sometimes it is hard to grade student activities and exams. I am aware of the growing process I have undergone teaching activities which have been developed by the College Board of Education through our meetings. I feel that I learn more each day as I share with colleagues and I believe that I have attained a growing understanding of teaching in the U.S. by participating in those activities. I have felt included, recognized and confident as AP reader all these years. It is a privilege to be part of this academic community. Last of all, I am sure that there is a place where I would be needed and I could help our students to achieve their goals.

Thanks America!

# Herencia

### Édgar Cota Torres

*Sin duda, la vida ofrece muchas oportunidades y en ocasiones también limita.* Esta frase me remonta a las palabras que hace varias décadas me compartió mi madre, "Hijo, hemos hecho muchos sacrificios para que tú nacieras en Estados Unidos, nosotros somos muy humildes y ésa es tu herencia. Ahí tú sabes si la aprovechas." Creo que tenía unos doce años cuando, por primera vez, escuché lo que se convirtió en una motivación; esas palabras de mi 'amá me marcaron por el resto de mi vida.

A continuación compartiré cómo se logró la herencia que, en vida, me dejó mi madre y cómo, paulatinamente, me vi obligado a dejar mi país de origen... cualquiera que ése sea... Eso de crecer en la frontera puede brindar un sentido alterno, un ir y venir, una penetración de límites, el cruce de un puente, las metáforas son bastantes y dependiendo de la condición en la que la persona se vea insertada, la frontera entre México y Estados Unidos adquiere múltiples significados y consecuentemente, una infinidad de recuerdos. La ciudad fronteriza a la que me refiero es Mexicali en el estado de Baja California, sí allá por el norte, muy al norte de México.

Varias han sido las charlas que he entablado con mi tía Chagua, mi tía Irma, con mi madre e incluso con mi abuela sobre mi nacimiento en el país de las franjas y las estrellas. Las pláticas con mi padre casi son nulas ya que no tuve contacto con él por más de veinte años, aunque me hubiera gustado escuchar esa historia desde su perspectiva. Desafortunadamente, ese hombre delgado, lleno de melancolía y de nostalgia, dejó de existir hace trece años. Mis cuatro informantes concuerdan en que por poco no nazco en el país vecino, que contamos con mucha suerte, me incluyo yo porque iba en la barriga de ocho meses de mi madre.

Mi historia inició en 1973 en la fila hacia Estados Unidos. Mi madre, con su pasaporte local, fronterizo, que sólo le autorizaba incursionar una distancia de aproximadamente treinta kilómetros para ir de compras, estaba decidida a tomar el riesgo y se fijó la ciudad de Los Ángeles como destino final. No está por demás destacar que los riesgos, como casi todas las opciones en la franja fronteriza, son diversos. Esto me recuerda los sacrificios que muchos hermanos centroamericanos y mexicanos afrontan cotidianamente en su travesía hacia el sueño americano. La realidad es que para muchos de ellos se convierte en una pesadilla o en su última esperanza de superación. Hasta que nuestros países latinoamericanos no se estabilicen económica y socialmente, esto aunado a los fallidos o falsos intentos de una reforma migratoria inclusiva en los Estados Unidos, continuarán muriendo, anualmente en promedio, casi quinientas personas en la franja fronteriza. Esta cifra no incluye los desaparecidos centroamericanos en territorio mexicano. Mi madre era parte de un grupo privilegiado ya que su pasaporte casi le garantizaba el cruce. Lo que todavía no tenía asegurado era cómo llegaría hasta Los Ángeles ya que no contaba con un vehículo de transporte y caminar por más de 145 kilómetros conmigo no era una opción viable.

Mi tía, quien en esa época vivía en Tijuana y que durante la semana trabajaba en una fábrica en Los Ángeles, recogió a mi madre en la central camionera de Tijuana. Mis padres emprendieron el viaje en autobús desde Mexicali. Mi tía decidió que el mejor día para hacer la travesía era el domingo ya que en sus múltiples viajes había observado que la revisión en los autobuses en ese día era muy limitada. Después de una breve espera en la fila peatonal que a mi madre se le hizo eterna y en la cual agotó su repertorio de oraciones y de santos, llegó su turno de interrogación. Una vez hechas las preguntas de rigor de la autoridad y las mentiras de rigor de ambas, lograron la primera etapa de su objetivo. Dispuestas a continuar, se aproximaron a la central de autobuses de San Ysidro, no sin antes compartir las siguientes palabras "Vamos a pasar una inspección, si te piden tus documentos y tú les muestras tu pasaporte te lo van a quitar y te van a deportar. Si esto llega a suceder, a mí, ni me conoces, de cualquier manera yo no podré hacer nada por ti." Mi tía Chagua sí contaba con documentos de residencia y podía viajar libremente por Estados Unidos.

Cuando se aproximaban a la estación de autobuses se les acercó un muchacho alto y delgado, les preguntó que a dónde iban, ambas al unísono respondieron que a Los Ángeles. El joven les dijo que si le daban para la gasolina él las llevaría con gusto ya que él vivía por aquellos rumbos. Durante el viaje les platicó que la noche previa había andado de turista por la zona roja de Tijuana, de cantina en cantina, y que había amanecido sin dinero. El acuerdo se dio y veinte dólares fue la cifra determinada; como para ese entonces, el precio de la gasolina era de 39 centavos por galón sin duda que era una buena cantidad para el joven; lo que él no sabía era que mi madre no contaba con la documentación adecuada para viajar al interior del país. La odisea aún no terminaba y la garantía de arribar con mi tía Irma en Burbank era inexistente ya que tenían que cruzar un punto de inspección migratoria. Éste se ubicaba en la ciudad de San Clemente, California a unos 118 kilómetros. Por si esto no fuera suficiente, el auto del muchacho era una carcacha que aparentaba no tener mucho ánimo de recorrer la distancia requerida.

A lo lejos se percibía una hilera de anuncios que todavía no se alcanzaban a leer, pero los tripulantes de la carcacha presentían que eran avisos del próximo puesto de inspección. Mi madre inició de nuevo su ritual: oraciones, santos, nerviosismo; en su frente y palmas apareció un sudor que delataba su temor. En caso de que le pidieran su documentación a mi madre la deportarían porque estaba rompiendo los límites otorgados por su pasaporte fronterizo, de hecho ya había incursionado ilegalmente dentro de los EE.UU por más de 100 kilómetros y aún faltaba un buen trecho del camino. El joven conductor también se metería en serios problemas ya que seguramente "el migra" —el agente, intuiría que era un coyote que traficaba personas, ¡cómo comprobar lo contrario dadas las circunstancias! Él aparentaba un comportamiento normal, de hecho ignoraba la situación migratoria de mi madre. El caso de mi tía también era arriesgado ya que podría perder su documentación y ser deportada; ella acompañó a mi madre en sus plegarias e incluso pidió una ayudadita adicional a la Virgen de Guadalupe. Mi tía Chagua hizo una manda, le pidió un favor: que cruzáramos esta inspección y que a cambio ella entraría de rodillas y avanzaría así hasta el altar de la catedral de la Virgen de Guadalupe en Mexicali. Conforme se aproximaban más los letreros, nuestros latidos eran menos pausados. A lo lejos se divisaban algunas patrullas fronterizas. Yo no recuerdo si mi corazón también latía más fuerte, seguramente sí; de lo que sí estoy cierto es que tengo un soplo en el corazón y ahora que redacto esta historia pienso que quizá fue producto de tantas emociones fuertes que experimenté en el vientre de mi madre durante nuestra travesía fronteriza californiana. Ese soplo, asumo, también venía incluido en lo que sería parte de mi herencia. ¡Qué interesante: en ese viaje era un feto indocumentado aspirando a obtener una nacionalidad extranjera! En fin… los corazones latían estrepitosamente. Las cuatro líneas que se formaban desembocaban en agentes de vestimenta verde, botas negras, lentes oscuros y pistola intimidatoria. Seis autos, cinco… cuatro, tres, dos, nuestro turno… el agente miró al joven, utilizando sus dedos meñique y medio nos otorgó el pase sin indagarnos. Tremendo alivio. Ahora sí, el feto indocumentado estaba más cerca que nunca de ser angelino. Para no hacer este recuento tan extenso… llegamos a casa de mi tía y a las tres semanas, rumbo al hospital; nací en enero en el hospital USC Medical Center; a los dos días, y después de que mi madre usó todos sus ahorros para pagar los gastos del parto, de regreso en casa de mi tía. Pasaron diez días y a Mexicali, rumbo a mi primer cruce fronterizo de norte a sur. ¡Quién diría que en el futuro la cantidad de mis incursiones fronterizas entre México y Estados Unidos se contarían por millares!

Los siguientes doce años los viví como un estadounidense indocumentado en México, bueno más o menos. Cuando era bebé mis padres me registraron como ciudadano mexicano y obtuve un acta de nacimiento mexicana. Recuerdo que mi madre insistía en que nadie en mi escuela debía saber que había nacido en el país del norte. Si esta noticia llegaba a oídos impropios, me expulsarían de la primaria. Para el séptimo grado inició mi incursión en el sistema educativo de Estados Unidos. En esta ocasión viví dos años en casa de mi tía Chagua. Su nueva casa estaba ubicada en El Centro, California a veinte kilómetros de Mexicali. Cada viernes abordaba el Greyhound para reencontrarme con mi madre. Los domingos, a eso de las seis de la tarde emprendía el viaje de regreso a los EE.UU, me embargaba una inmensa tristeza. Hasta la fecha, cuando conduzco en las autopistas y veo un Greyhound me remonto a ese ir y venir de bienvenidas y despedidas.

El proceso de aprendizaje fue intenso porque todo el día lo pasaba en clases de inglés y sólo descansaba de esa monotonía en educación física y durante el almuerzo. Aprendí inglés rápidamente, en parte, gracias a que mi madre me había matriculado en clases de inglés por tres años en Mexicali. Terminé mis dos años en esa escuela con honores e inicié mis estudios de preparatoria o high school, en Caléxico, California, ciudad fronteriza con Mexicali. Durante mi segundo año tomé la clase de literatura AP en español y gracias al maestro Julio Gaytán, varios de mis compañeros y yo obtuvimos la nota más alta en el examen. En 1991 me gradué de Calexico High School, una vez más con honores y siendo el mejor corredor de resistencia y de pista de la región. Eso también se lo heredé a mi madre, corredora en competencias estatales en Colima, México. Durante tres años crucé la frontera entre Mexicali y Caléxico dos veces por día y caminé una distancia considerable de varios kilómetros para asistir a esta escuela. Las temperaturas a más de 115 grados Fahrenheit, cerca de los cincuenta grados Celcius, prolongaban la caminata durante los meses más calurosos del año. El cuarto y último año fue el más complicado. Las autoridades del distrito escolar decidieron inspeccionar el cruce peatonal fronterizo y fotografiar a los estudiantes que vivían en Mexicali y que estudiaban en Caléxico. Esto porque supuestamente no pagábamos impuestos y por lo tanto no teníamos derecho a la educación gratuita, independientemente de que muchos de nosotros éramos estadounidenses o algo así. En ese periodo expulsaron a varios de mis amigos. El Barajas, como se apellida, fue el primero que cayó, qué tristeza, era uno de mis mejores amigos; Adrián, Héctor (conocido como el "Bear") y yo decidimos rentar con la ayuda de nuestros padres, un cuarto para quedarnos a dormir en Caléxico. Después de unas semanas no funcionó este plan porque era difícil dormir en el piso y sin tener cocina, además nuestros padres no contaban con el dinero para continuar pagando el alquiler. Los padres de Adrián y Héctor eran campesinos en California pero también vivían en Mexicali. Mi madre trabajaba como mesera en restaurantes de comida china en Mexicali. Poco tiempo después hablé con mi maestro de español, el doctor Cuéllar. Le expliqué la situación y nos dio asilo en su casa durante varias semanas, pero a su esposa no le agradaba mucho nuestra presencia y le creamos problemas al Dr. Cuéllar. Así que nos vimos obligados a dejar su hogar y una vez más a cruzar la frontera todos los días, situación que ponía en peligro la continuidad de nuestra educación en Estados Unidos.

Para ese entonces el Dr. Cuéllar ya me había presentado al Dr. Ayala, profesor de geografía en la Universidad Estatal de San Diego, campus Caléxico. Mis amigos se siguieron arriesgando, algunos días cruzaban de madrugada, otros con familiares en auto, otros días sin mochilas. Empecé a trabajar en la casa del Dr. Ayala: lavaba carros, limpiaba el jardín, cortaba el pasto, pintaba la casa, sacaba la basura, etc. Su generosidad se desbordó al abrirme las puertas de su hogar donde viví hasta que concluyó el ciclo escolar. Ésta fue la primera vez que recuerdo haber tenido una habitación propia. En casa de mi abuela compartíamos habitaciones y generalmente me tocaba dormir en el piso. El salario de mi madre era modesto y siempre rentaba casas de dos habitaciones, así que compartía cama con ella. En fin, qué privilegio vivir con los señores Ayala. Así es como terminé mis estudios de preparatoria y sí, una vez más con honores y múltiples trofeos y reconocimientos como atleta.

Inicié mi carrera universitaria en California State San

Bernardino. Esta aventura sólo se prolongó por un año debido a bajos recursos económicos. Luego concluí mi licenciatura en español con una concentración en inglés en la Universidad Estatal de San Diego, campus Caléxico. Las becas y honores tampoco se hicieron esperar. Durante esta etapa conocí al Dr. Elizondo, profesor de español. Los doctores Elizondo y Ayala se convirtieron en mis mentores y me impulsaron para que cursara una maestría en español en San Diego. Después de tres años y de vivir en casa de mi tía Pastora y luego en casa de mi tío Héctor, misión cumplida. Continué bajo la tutela de ambos profesores y vieron en mí un talento que yo mismo ignoraba, una ferviente pasión y habilidad para manipular las palabras y analizar textos literarios. Siguiente paso, enviar solicititudes a programas doctorales en dieciocho universidades, todas fuera del estado de California. Según el Dr. Elizondo estudiar fuera de California me ayudaría a madurar y a destacar con un título fuera de mi estado natal. Conté con la fortuna de que me aceptaran en diecisiete universidades y finalmente opté por asistir a la Universidad Estatal de Pennsylvania.

Mi etapa como estudiante doctoral fue enriquecedora y sin duda, el mayor reto de mi vida. Una vez más conté con el incondicional apoyo de un mentor, la profesora cubana Julia Cuervo-Hewitt, quien me guió durante este periodo. Caramba, ahora que recuerdo mi estadía en la gélida ciudad de State College, Pennsylvania me vienen a la mente cientos de recuerdos, la mayoría agradables: ver crecer a mi hija, el nacimiento de la segunda, contar con múltiples y excelentes amistades de Latinoamérica y España, las fiestas que organizábamos, nuestro nicho hispano en el centro de Pennsylvania, las largas noches y fines de semana en la biblioteca o en mi cubículo, las lecturas interminables, la preparación para los exámenes doctorales, la preparación, redacción y edición de mi disertación doctoral... Después de cinco años en Penn State y uno en España, el feto indocumentado, el estadounidense indocumentado en la primaria de Mexicali, el adolescente que por poco no termina la preparatoria, el estudiante de licenciatura y de maestría quien vivió con profesores y tíos, se doctoró en Literatura

Latinoamericana con una especialización, en qué más podría ser sino en Literatura de la Frontera Norte de México.

Actualmente comparto mi herencia, los frutos de mi educación, con mis dos hijas y con cientos de estudiantes que han participado en los cursos que imparto en la Universidad de Colorado en Colorado Springs. Ellos al igual que mis profesores, también han observado mi ferviente pasión por las palabras y los textos literarios que analizamos en mis clases de literatura y cultura latina, chicana, latinoamericana y de estudios de la frontera norte de México.

Por poco olvido compartir dos detalles: primero, que este proceso de nacimiento extranjero me ha dejado otra herencia. La ayudadita que mi tía Chagua le pidió a la Virgen de Guadalupe, todavía no ha sido saldada. Hace tres años ella me dijo "Pichón, yo ya estoy vieja y mis rodillas están muy dañadas. Tú tendrás que ser quien pague esa manda porque la pedí por ti." Hasta la fecha he meditado sobre esta situación y conforme escribo estas palabras, he decidido que durante mi próxima visita a Mexicali, pagaré esa cuenta pendiente. Segundo, mi tía, mi madre y yo iniciamos dicha travesía gracias a la idea que tuvo mi padre; él insistió en que valdría la pena que su hijo naciera en Estados Unidos, a nadie más se le habría ocurrido esa opción.

*Sin duda, la vida ofrece muchas oportunidades y en ocasiones también limita.* Esta frase me remonta, de nuevo, a las palabras que hace varias décadas me compartió mi madre, "Hijo, hemos hecho muchos sacrificios para que tú nacieras en Estados Unidos, nosotros somos muy humildes y ésa es tu herencia. Ahí tú sabes si la aprovechas." Creo que tenía unos doce años cuando, por primera vez, escuché lo que se convirtió en una motivación; esas palabras de mi 'amá me marcaron por el resto de mi vida.

Recuerdo, vívidamente, como si hubiera sido ayer, la tarde que regresé de Pennsylvania a Mexicali, con dos hijas y con un diploma de doctorado en las manos... le dije: "Amá, gracias por todos sus sacrificios y por darme esa herencia, creo que la he aprovechado." Nos fundimos en un prolongado abrazo, abrazo que representó el esfuerzo de todas las personas que me apoyaron; a los pocos segundos compartimos lágrimas de felicidad.

Esta historia es un tributo a todas las personas que he mencionado y que han contribuido a mi éxito, a *nuestro* éxito.

No lo habría logrado sin ustedes.

# Heritage

## Édgar Cota Torres

*There is no doubt: life offers plenty of opportunities and sometimes, it also limits other options.* These words remind me of the phrase that my mother shared with me several decades ago. "Son, we have made many sacrifices in order for you to be born in the United States, we are humble people but that is your inheritance. It's up to you to make the best of it." I believe that I was twelve years old, when I heard these words for the first time. They became an inspiration; my mom's phrase has motivated me all of my life.

Next, I will share how the inheritance granted by my mother was achieved and how I had to leave my country of origin... whichever that is... Growing up on the border might create an alternate sense of place, a coming and going, a penetration of limits, crossing a bridge; the metaphors applied to this area are plenty. It all depends on the specific situation; the specific relation that a person has with the USA-Mexico border; this situation also creates diverse memories. The specific border city that I am referring to is Mexicali in the northern state of Baja California.

I have had several conversations with my aunt Chagua, my aunt Irma, my mother and even with my grandmother, in regard to how I was born in the land of opportunity. The words shared with my father are almost nonexistent since I lost contact with him for more than twenty years. I would have loved to hear that story from his perspective. Unfortunately, that thin man, full of melancholy and nostalgia, passed away thirteen years ago. My four informants agree in that I was very close to not being born in the USA, and that we were very lucky, (I include myself because I had been inside my mother's belly for eight months).

*Déjame que te cuente...*

My story began in 1973, waiting in the entry line towards the United States. My mother had a local passport, which only permitted her to cross the border to do simple tasks like shopping within about eighteen miles, but she was determined to take the risk and had set Los Angeles as her final destination. It is worth mentioning that the risks, as most of the options along the border, are numerous. This reminds me of the ample sacrifices that my Central American and Mexican brothers and sisters have to endure on a daily basis, in their journey towards the American dream. It is a fact that for many of them this becomes a nightmare or their last hope for survival. It is very unfortunate that on a yearly average, about five hundred undocumented people die on their attempt to cross this border; this number does not reflect the many Central Americans who disappear in their journey across the Mexican territory. The truth of the matter is that until our Latin American countries become socially and politically stable, and until the United States makes it a priority to pass an effective and humanitarian immigration reform, many people will continue to migrate and even die. My mother was part of a privileged group, since her local passport almost guaranteed her crossing into the US. Her next challenge was to arrive in Los Angeles since she did not have an automobile, and walking about ninety miles, was not a viable option.

Aunt Chagua, who at the time lived in Tijuana and who, during the week, worked in a factory in Los Angeles, met my mother at the Tijuana's bus depot. My parents rode the bus from Mexicali to Tijuana. My aunt decided that the best day to travel to Los Angeles was Sunday. She had observed, in her multiple trips, that inspections during that day were less intense. Following a brief wait in line to cross by foot, which to my mom seemed everlasting, it was her turn to cross and to be interrogated. She applied her entire repertoire of prayers and invocations to saints... After the routine questions from the border agent and the routine lies from my mother and my aunt, they both accomplished the first stage of their journey. The two of them were determined to reach their goal and as they approached the bus depot at San Ysidro, California, my aunt told my mother the following: "We must go through a border patrol checkpoint, if they ask you for your documents they will confiscate your passport and you will be deported. If this happens, pretend that you do not know me; I would not be able to do anything for you." Aunt Chagua did have documents to live and work in the US legally.

As they were approaching the bus depot, a tall, thin boy asked them where they were going, "Los Angeles" –both of my relatives answered at once. The boy told them that if they paid for the gas, he would drive them to LA since he lived in that area. During the trip he also told them that the previous night he had been partying in Tijuana's red district and that he woke up without a cent. They all came to an agreement: twenty dollars was the set amount. By then,the cost of gasoline was thirty nine cents per gallon, so there was no doubt that this was a good deal for the boy, and, of course, he was not aware of my mother's immigration status. The odyssey was still in the works. There was no assurance that my mother would arrive to Burbank, in the LA area. They still had to succeed in crossing the checkpoint in San Clemente, California, which was about seventy five miles from the border. As if this was not enough, the boy's vehicle was a clunker, which did not show the ability to make it to our final destination.

Several signs could be seen at a distance; they were far away so it was difficult to read them. The three people aboard the clunker believed that the signs were announcing an upcoming checkpoint. My mother, once again, began her ritual: prayers, saints, and nervousness; her forehead and hands were sweaty, sign that she was feeling anxious. In the event that the officer asked for my mother's documentation, she would be deported for breaking the limits established in the passport granted to her. In fact, she had already broken the limit by about sixty five miles and there was still ways to go. There was a good chance that the young driver would also get in trouble. How could he prove that he was not smuggling people into the US? He seemed to have a normal behavior; and as I said, he ignored my mother's immigration status. My aunt's situation was risky as well, since she could lose her documents and be deported, so she accompanied my mother in her prayers. She even asked the Virgin of Guadalupe for additional assistance. My aunt Chagua made a promise, she asked for a favor and in exchange for making it to LA, she promised our Lady of Guadalupe that she would go on her knees from the entrance to her altar at the Guadalupe's Cathedral in Mexicali. As we were approaching the inspection signs, our heartbeats became more intense.

Up in the distance, several border patrols could be seen. I do not recall if my heart was beating faster, I guess it did. One thing I am positive of is that I have a heart murmur, and now that I am writing this story, I realize that my murmur might be a result of the thrills experienced in my mother's belly during our Baja California–California journey. Anyway, I assume that my heart murmur was also part of my inheritance. How interesting, back then I was an undocumented fetus aspiring to obtain a foreign nationality. Going back to the story... hearts were beating fast. The four lines that were forming ended in border agents dressed in green, black boots and sunglasses, carrying an intimidating gun. Six vehicles, five... four, three, two, our turn... the agent stared at the young driver, using his middle and index fingers he gave us the signal to continue without any further inspection. What a relief! The undocumented fetus was closer than ever to becoming a US citizen. To make a long story short... we finally arrived at my Aunt Irma's house, and three weeks later, we were on our way to the hospital; I was born in January at the USC Medical Center. Within two days and after my mother had used most of her savings to pay for my birth, we were back at my aunt's house. Ten days later, we went back to Mexicali, on our way to my first USA-Mexico border crossing from north to south. Who would have thought that in the near future my border crossings between Mexico and the United States would be counted in the thousands?

I lived in Mexico for twelve years as an undocumented US citizen, or something of that sort. My parents had the idea of registering me in Mexicali as a Mexican born; therefore I did have a "legal" Mexican birth certificate. I vividly recall my mother's words, "no one in your elementary school is supposed to know that you were born in the United States." If this information reached someone's ears, I would be expelled from school. My incursion in the American education system began in the seventh grade. This time I lived in my aunt Chagua's home for two years in El Centro, California, twelve miles from Mexicali. I would board the Greyhound bus every Friday to meet my mother. On Sundays, at about six in the evening, I would travel back to the USA. These were extremely sad moments. To this day, when I am driving on a highway and I see a Greyhound bus, I have flashbacks of those comings and goings... of arrivals and departures.

My learning process was quite intense because I spent most of the school day speaking in English, with the exception of PE and lunch. I learned English quickly, in part, thanks to my mother, who had enrolled me in English classes in Mexicali for three years before coming to the USA. I concluded my two years in that secondary school with honors. The following year I began my high school studies in Calexico, California, sister border city with Mexicali. During the second year I took AP Spanish literature and thanks to our teacher Julio Gaytan, several of us obtained the highest grade on the exam. In 1991 I graduated, once again with honors, from Calexico High School and with the satisfaction of being the best cross country and track and field runner in the area. I also inherited that from my mother; she was a runner and competed in state meets representing her home state of Colima. In order to attend that high school, I crossed the border between Mexicali and Calexico twice a day for three years. I still recall the long walks, several miles under severe hot conditions, about 118 degrees Fahrenheit during the summer months. The fourth and last year was more complicated because the Calexico School District decided to inspect the walking border crossing, every morning they would take pictures of the students that lived in Mexicali and attended school in Calexico. The excuse was that we did not pay taxes, and therefore we had no right to public education. Although most of us were US citizens or something like that, we still did not have this basic right. During that period of time, several of my friends were expelled. My friend Barajas was among the first ones. This was so sad; he was one of my best friends. Adrian and Hector (better known as bear), and I decided, with the support of our parents, to rent a room for us to spend the night in Calexico. After a few weeks we realized that this was not such a good plan. It was quite uncomfortable to sleep on the floor and we did not have a kitchen. As if that was not enough, our parents did not earn enough money to continue paying the rent. Adrian's and Hector's parents were farm workers and worked in California but they also lived in Mexicali. My mother worked as a waitress in Chinese food restaurants in Mexicali. A few weeks later, I talked with my high school Spanish teacher, Dr.Cuellar, and explained the situation to him; he let us stay in his home for several weeks, but his wife was not very happy with our presence so we had to continue taking the risk of crossing the border on a daily basis.

This situation endangered our educational success in the United States. However, I was very fortunate because during that time, Dr. Cuellar had introduced me to Dr. Ayala, a geography professor at San Diego State University-Imperial Valley Campus, who allowed me to stay at his house. My friends continued taking the risk at the border crossing, some days they crossed at dawn, others they crossed with a relative in a car, and others they crossed with no backpacks. I started to work at Dr. Ayala's house: I washed cars, cleaned the garden, mowed the lawn, painted the house, took out the garbage, etc. Dr. Ayala was extremely generous; he invited me to live in his house and I lived with his family until I concluded the academic year. This was the first time that I had my own room and bathroom; at my grandmother's house, we had always shared rooms and I typically had to sleep on the floor; later on, since my mom earned a modest salary and could only afford places with two rooms, we shared a bed. It was quite a privilege to live at the Ayala's house. This is how I was able to graduate from high school, and of course, once again, with honors and multiple trophies and recognitions as an athlete.

I began my college education at California State University-San Bernardino. This journey only lasted for a year due to financial restrictions. I later obtained a Bachelor's Degree in Spanish with an English minor at San Diego State University, Imperial Valley Campus. I received several scholarships and recognitions during this period. While studying at SDSU I met Dr. Elizondo, a Spanish professor. Dr. Ayala and Dr. Elizondo became my mentors and they encouraged me to continue graduate studies at the main campus of the San Diego State University. After three years, mission accomplished! During graduate school I lived with aunt Pastora and then with uncle Hector. I continued under the guidance of both professors who saw in me a talent that even I ignored myself, a fervent passion and an ability to interpret words and literary texts. The next step was to send eighteen applications to doctoral programs across the nation. According to Dr. Elizondo, obtaining a doctorate outside of California would help me to mature and to have better options. The fortune smiled at me again and I was accepted to seventeen out of the eighteen universities where I applied. I finally selected Pennsylvania State University.

My experience as a doctoral student was enriching and without a doubt, the biggest challenge that I have faced in my life. Once again I had the unconditional support of a mentor, Cuban professor Julia Cuervo-Hewitt, who guided me during this stage. Oh my gosh! Now that I remember my years at the cold city of State College, PA, many memories come to mind; most of them positive: seeing my daughter grow, the birth of my second daughter, meeting many excellent friends from Latin America and Spain, the parties that we organized, our Hispanic niche in central Pennsylvania, the long nights and weekends at the library and in my cubicle, the never ending readings, the preparation for my doctoral exams, the preparation, writing, and edition of my doctoral dissertation... Finally, after five years at Penn State and one in Spain, the undocumented fetus, the undocumented US citizen who attended elementary school in Mexicali, the teenager who was almost expelled from high school, the BA and MA student who lived with professors and relatives, earned a doctoral degree in Latin American Literature with an specialization in, what else could it be… US-Mexico Border Literature.

I currently share my inheritance, the achievements of my education, with my two daughters and with hundreds of students who have taken my courses at the University of Colorado in Colorado Springs. They, as well as my mentors, have observed a fervent passion and an ability to interpret words and literary texts as professor of Latino literature, Chicano literature and US-Mexico border literature and culture. Because of all the support that I received throughout my education, my students have always been a priority.

I almost forgot to share two details. First of all, my US birth left me with another inheritance: the additional help that my aunt Chagua got by the promise to the Virgin of Guadalupe has not been paid yet. Three years ago she told me: "Pichón, I am too old and I have bad knees; you will have to pay that promise because I made it for you." Up until today, I have thought about this situation and as I write these words I have decided that during my next visit to Mexicali I will pay this debt. Second, my aunt, my mother, and I initiated this journey thanks to my father's idea; he insisted that it would be worth it for his son to be born in the United States, no one else had thought about this possibility.

*There is no doubt: life offers plenty of opportunities and sometimes it also limits other options.* These words remind me, once again, of the phrase that my mom shared with me several decades ago. "Son, we have made many sacrifices in order for you to be born in the United States, we are humble people and that is your inheritance. It's up to you to make the best of it." I believe that I was twelve years old, when I heard these words for the first time. They became an inspiration; my mom's phrase has motivated me all of my life.

I remember very vividly, as if it had happened yesterday, the afternoon I returned to Mexicali from Penn State, with two daughters and a doctorate diploma in my hand. I told her: "Mom, thank you for all your sacrifices and for giving me this inheritance, I believe that I have done well." Both of us hugged for a long time. This embrace represented the effort of all the people who had supported me... we shared tears of joy.

This story is a tribute to every person that I have mentioned and that have contributed towards my success, *our* success.

I could not have done it without you.

# Alegría con filo

## Regina Faunes

Hoy sopla un viento tibio, cargado de recuerdos. Viento de playa, de ése que hace sonar la lona de las carpas, que saca a bailar la espuma, que le aviva la cueca a las olas.

Hoy te extraño mucho tierra del sur, me deslizo por el filo de una alegría intensa, donde se topa con el abismo de la nostalgia; ese lugar que es como donde el río va a dar al mar: ni dulce ni salado, ni tú ni yo, ni hoy ni ayer, revuelto y turbio.

Resbalo por la orilla al son repetitivo del clic de un rayo en la rueda de la bici topándose con algún piñón, cronómetro que marca algo: mi paseo por el borde del abismo, donde la luz es gloria y martirio de sol hiriente, donde la sombra es descanso poblado de voces sibilantes, voces de regreso.

Dejo en su costado plateado de gillete un hilito de sangre, casi invisible... como yo.

---------------

*Madrugada del 31 de diciembre, 2012.*
*Para mi hermano y mi cuñada.*

Llueve. Eso es todo. Y es mucho, quizás suficiente. Porque acá en Texas no llueve nunca. Los árboles invernales, deshojados, desnudos, se visten de gotas que parecen diamantes. Se yerguen encuerados, alhajados de sortijas como bailarinas de boite nocturna. Como todas las cosas, la lluvia me hace pensar en Chile: olor a lana de poncho mojado, el calorcito de la estufa en el invierno, las gotas deslizándose por las ventanas de la micro.

Pienso en ti, en ustedes, allá en Minnesota, en el silencio de la nieve que cae sin cesar. A diferencia de la lluvia con su gesto dramático, más acorde, quizás, con nuestro temperamento, a diferencia de la lluvia con sus voces diversas: voz de llanto, murmullo tierno de secreteo adolescente, alaridos de rabia, la nieve guarda silencio, se deja caer sin aliviar la carga emotiva, ni gritos, ni gimoteos, ni carcajadas. Su secreto está en la persistencia, la tenacidad, la terquedad de dejarse caer, muda, durante horas y horas sobre un mundo que observa, un mundo que pregunta sin escuchar entonar una sílaba a modo de respuesta.

Los imagino tras el cristal de esa ventana que tienen en el *living*, ventana grande, panorámica, ventana de casa de gringos, como ojo al mundo: nada de muros exteriores cubiertos de musgo, ni cristales con rejas labradas, tapizadas de enredaderas acá en la expansiva realidad de gringolandia. Los imagino a los dos como figuras de arcilla, parados frente a ese ventanal viendo descender la nieve por enésima vez y siempre la misma sorpresa, la misma magia, el mismo silencio petrificado, milenario, de antes de las palabras, del tiempo de las piedras y los pinos.

Los imagino leyendo, tomando té o café con leche, envueltos en los ponchos que trajeron del sur, de Temuco, aún, quizás, con olor a leña de aromo, a bosque del sur de Chile. No los imagino salir porque eso sería perderlos, los tengo presos, cautivos en la casa que conozco: dos figuras de arcilla, de la misma con la que fui hecha, levantados en el mismo ventarrón que revolvió nuestro mundito y nos lanzó a diferentes rincones del mundo.

# Joy with an Edge

### Regina Faunes

Today a warm wind is blowing, laden with memories. Wind from the beach, the kind that brings out the sounds from the canvas tents; that incites the foam into a dance; that makes the waves come alive.

Today I am missing you, southern land. I slide along this edge of intense joy to where it runs into the gulf of nostalgia; a place reminiscent to where rivers run into the sea: neither sweet nor salty… neither you nor I… neither today nor yesterday, turbulent and murky.

I glide along this border to the repetitive clicking of a spoke on the wheel of the bike, bumping against a pinion. Time clock marking something: my stroll along the fringe of the abyss. There, where light is both glory and agony from the harmful sun, where shade is at rest, thick with sibilant voices… returning voices.

On its silver-razor edge I leave behind a thread of blood, almost invisible… like me.

--------------

*Dawn, 31st of December, 2012.*
*For my brother and my sister-in-law.*

It's raining. That's all. And it's a lot, maybe enough. Because here in Texas, it never rains. The winter trees, naked, without their leaves, dress up in drops that look like diamonds. They rise up stripped and festooned with jewels like nightclub dancers. Like everything else, the rain makes me think of Chile: the smell of wet poncho wool, the heat from the stove in winter, the drops sliding down the windows of the buses.

I think of you, both of you, there in Minnesota, in the silence of the snow that falls without end. In contrast to the rain with its dramatic gestures, more in keeping, perhaps, with our temperament, in contrast to the rain with its various voices: voices of sobbing, tender murmurings of adolescent whispers, howls of anger, the snow keeps silent, allows itself to fall without relieving any emotional charge, no shrieking, no whimpering, no raucous laughter. Its secret is its persistence, the tenacity, the stubbornness of allowing itself to fall, mute, hours upon hours, on a world that watches, a world that questions without listening how a syllable becomes attuned as a response.

I imagine you behind the panes of that window you have in the living room, big bay window, panoramic, a window belonging to a gringo house, like an eye on the world: nothing of exterior walls covered with moss, or glass framed with wrought iron panels blanketed in climbing vines here in the expansive reality of gringolandia. I imagine the two of you as clay figures, standing in front of that picture window watching the snow come down for the umpteenth time and always the same surprise, the same magic, the same petrified silence, millenary, from before words, from the time of the stones and the pine trees.

I imagine you reading, sipping tea or *café con leche*, wrapped in the ponchos you brought from the south, from Temuco, the wool still possibly steeped in the smell of acacia wood, the smell belonging to the forests of the south of Chile. I don't imagine you outside because that would be losing you. I hold you prisoners, captive in the house I am familiar with: two clay figures, made of the same clay as me, unmoored by the same stiff wind that turned our little world upside down and pelted us to different corners of the planet.

# Entre dos mundos

## Ana María González

*Rêves. Étranges rêves. Dérouteurs de la vie à laquelle on
s'accroche, inventeurs de l'impossible. Ils m'échappent, me
reviennent, me collent à la peau, certains jours. Fragments de ma
mémoire enfouie, entre alcool, morphine et temps qui passé, entre
mille pensées concrètes, je vous reconnais, vous faites partie de
moi au plus profond.*

*Frida Kahlo*

Con la expectativa de ver el nombre oficial en el edificio principal, descubro que sólo aparece una secuencia de sílabas plateadas,
las gotas de una carcajada: *Gua-da-la-ja-ra.*

Durante todo el vuelo me interrumpieron la música popular de
banda con una mala calidad de sonido y las palabras salpicadas de
vulgaridades de mis tres compañeros sentados atrás de mí. Difícil
concentrarme para revisar una vez más esta antología...

En migración nos separamos: ellos se dirigieron a la fila de
"Extranjeros" o "Foreign Citizens" mientras yo me formé con una
gran emoción en la de "Mexicanos"; cuando me volví para verlos
"al otro lado" me quedé con la interrogante de una nacionalidad
confundida y extraviada. Sentí un dolor raro, y por raro, inexplicable.

Pasé devorándome con la mirada y mágicamente tocando con
las manos como si fuera saltando las barras de una reja, cada una
de las inalcanzables letras de "Bienvenido a la tierra del tequila"
al revés, de derecha a izquierda, hasta toparme con el paisaje de
fondo: agaves que en vida tienen una maravillosa fusión de gris,
verde y azul. Me alegra tanto haberlos visto antes "de a de veras",

para no dejarme llevar por la ilusión de una puerta falsa que trataba de abrirme esa imagen de la pared.

Para mí venir a México siempre ha representado un viaje de grandes y prolongados preparativos, de una estancia de varias semanas porque me lleva por lo menos unos cinco días montar mi pequeño reino cada vez y luego otros tantos hacerlo desaparecer antes de que el polvo y la ausencia me lo lleguen a arrebatar; pero poco a poco ese viaje se ha convertido en siquiera unos días y en esta ocasión, tal como lo hacía de Iguala a Taxco cuando estudiaba y luego desde el DF cuando ya trabajaba, fue un viaje relámpago, fugaz e intenso de un fin de semana. ¡Cómo han cambiado las circunstancias, los medios, los recursos y por supuesto el motivo: asistir a la graduación de mi hermana! A los cincuenta y ocho años de edad logró el sueño de su vida y recibió un título de licenciatura para oficialmente decorar con un papel, la experiencia que ha acumulado en toda su vida profesional, poniéndole así la cereza que le faltaba a su helado. Se trata de la misma hermana que me enseñó a extender las alas que yo tenía escondidas para alcanzar alturas que desconocía por completo.

Y ahora, entre dos mundos, paso la vida soñando con el momento de pisar nuevamente la tierra que se despereza al amanecer, mientras las varas luminosas de escobas abanicadas le hacen cosquillas por todas partes, para despertar y enmarcar otro día en la existencia de este pueblo que se multiplica, que camina sin cesar, que vende flores, llaveros o rosarios en la calle, que habla con su tono peculiar y se refiere a las cosas con su propio lenguaje: virote o bolillo, gordita o sope, tostada o panucho, escuincle o huerco, jumiles o chapulines... una gama inmensa que nos llena los cinco sentidos de olores, sabores, colores, sonidos y texturas aferrados a nuestra memoria de ausentes.

¡Qué suerte haber venido para aminorar mi nostalgia y saciar los recuerdos que se verán confundidos con los sueños! ¿Estuve realmente aquí? Sí, los puestos de perfumería a granel van atrapados en una imagen fotográfica. Sí, el letrero en el frente del edificio de "Aeropuerto Internacional de Guadalajara" me aguarda para pellizcarme la tristeza de otra inevitable despedida.

De vuelta para cumplir con nuestra cotidiana labor, hay quien lleva pan dulce, canastas o una muñeca de cartón enseñando los pies con zapatos pintados de verde... y no, no son recuerdos, sino pedacitos de lo que somos para que no se nos quiten las ganas de volver, ojalá pronto. Y antes de abordar, me echa un guiño el lienzo nacional mientras ondea su adiós de tres colores, y aunque es igual al que juega diariamente con el viento en otras partes, simplemente no significa lo mismo.

En cuanto arribo, sale a mi encuentro la mujer que empuja el carro con sus artículos de limpieza y su cabeza cubierta para serle fiel a sus creencias, la jovencita con ojos rasgados que al tacto tiene que asegurarse de que no soy una terrorista y el hombre que me sirve la comida con su sonrisa blanca enmarcada en el tono profundamente oscuro de su tez: un verdadero mosaico humano.

Entre estos dos mundos vecinos y distantes, realidad o sueño, pasado o presente logro distinguir a la incertidumbre que me está esperando con los brazos abiertos.

# Between Two Worlds

### Ana María González

*Rêves. Étranges rêves. Dérouteurs de la vie à laquelle on s'accroche, inventeurs de l'impossible. Ils m'échappent, me reviennent, me collent à la peau, certains jours. Fragments de ma mémoire enfouie, entre alcool, morphine et temps qui passé, entre mille pensées concrètes, je vous reconnais, vous faites partie de moi au plus profond.*

*Frida Kahlo*

As I was looking for the official name in the principal building, I realized that it is only a line of silver letters, the dripping sound of a happy laugh: *Gua-da-la-ja-ra.*

The entire flight, I was constantly interrupted by the low quality of popular music and the conversation sprinkled with profanity of the three travelers seated behind me. It is hard to concentrate when trying to edit this book...

We separated at the immigration office. They got in the "Foreigner Citizens" line while I took my place, with pride and emotion, in the "Mexicans" one. As I looked back at them, a feeling of uneasiness came over me. I perceived a sense of confused nationality and felt a bit lost about this concept. A strange and inexplicable ache tickled my heart... "How can they even carry an American passport?" I thought.

Suddenly I was greeted by the "Bienvenido a la tierra del tequila" sign and it seemed to permeate my eyes. I imagined my hands touching, as if by magic, each one of its unreachable letters; like stroking a fence's bars one by one, from right to left until I came face to face with the background painting: agave plants imitating the wonderful mixture of gray, green and blue of their color. I am glad I had seen "the real ones" so would let my imagination be taken through the false doors that were trying to open to me in this image on the wall.

Coming to Mexico has always represented a long and well prepared trip for me. It meant a several weeks stay. It would take me at least five days to nest in my little kingdom and another five to re-pack it all back before the cloud of nostalgia would take it away from me. However, little by little these trips are becoming a short stay. This one especially, for just one weekend, reminded me of my college years when I had to run for two days from Iguala to Taxco or later on from the DF when I was already working as elementary school teacher. Today's trip is as fast as lightning, swift and intense, filled with emotions. How things have changed, different circumstances, means, and of course, motives: this time I came to attend my sister's graduation ceremony. A magnificent achievement because, at her fifty eight years of age, she fulfilled her dreams of finishing her career and receive a Bachelor's Degree in Cultural Affairs, to decorate her vast professional experience with this earned triumph: the cherry she was missing on her ice cream cone! This is the sister who showed me the way to extent the wings I had hidden, to fly and reach great highs yet unknown to me.

Now, I am constantly dreaming of my two worlds. I dream of the moment when I can step in that land that lazily wakes in the mornings to the tickles of the corn brooms with the shape of fans made of the morning light. The land that once more and despite the desperate conditions many people face, wakes to frame this world that multiplies, that walks without end, that sells flowers, key chains and rosaries in the streets; this world that speaks with its own peculiar tone and refers to the things with different names of the same language: *virote* or *bolillo, gordita* or *sope, tostada* or *panucho, escuincle* or *huerco, jumiles* or *chapulines*... This incredibly rich assortment fills the senses of smells, flavors, color, sounds, and textures clinging to our longing memory.

It was fortunate that I got to come to lessen my nostalgia and satisfy the memories that often are mixed within my dreams. Was I really here? Yes, say the perfume sales stands that are captured in my camera. Yes, the sign in front of the airport reading "Aeropuerto Internacional de Guadalajara" is about to pinch me into reality and bring the sadness of another inevitable farewell.

I see others like me carrying sweet bread, baskets or a papier-mâché doll showing her feet covered with green painted shoes… no, they are not souvenirs, they are little bits of what we really are. And they are accompanying us so as to not let us lose the desire to come back soon.

As I am boarding, our national banner winks at me waiving good bye with a tricolor complicity; and although it is the same flag we see in other places, its meaning will never be the same.

As soon as I arrive, I am greeted by the sight of the cleaning woman pushing her cart filled with cleaning products, her head covered to be faithful to her beliefs; by the young lady with oriental eyes whose job is to touch me the way she has been instructed to make sure I am not a terrorist; by the young man who is serving my food with his white smile in total contrast with the dark tone of his skin: a true mosaic made of humaneness.

Present or past, distant neighboring worlds… which the dream? Uncertainty welcomes me again.

# América por América

## Gloria Prieto Puentes

Todavía olía a sardinas fritas una noche de noviembre del año 98 cuando, en la cocina de nuestro piso del barrio de *Les Corts* en Barcelona, Luís me propuso ir a enseñar a California por un año. Se trataba del "Programa Bilingüe". Su mejor amigo había vuelto de allí, su experiencia fabulosa: conoció a mucha gente, aprendió nuevas formas de enseñar. Nos miramos a los ojos... lo decidimos: íbamos a intentarlo.

Luís no sabía que sus palabras fueron el broche de oro de una relación con las Américas que yo había iniciado muchos años atrás: corría el fin de la década de los sesenta cuando al volver de la escuela, vi un contenedor de basura que contenía eso, basura. De uno de los laterales colgaba un libro viejo de tapas descoloridas que me llamó la atención. Estaba escrito en inglés y le faltaban algunas hojas. Otras en cambio, contenían muchas palabras subrayadas. A pesar de lo maltrecho del pobrecito, lo cogí, lo hojeé y decidí leer con fruición la lengua de Marilyn Monroe, de Gary Cooper, de los que tanto había oído hablar en el transistor de mi madre. Estoy segura de que mi lectura de aquellas palabras en voz alta no era ni mucho menos comprensible a los oídos de cualquier inglés o americano, simplemente yo desconocía la pronunciación y el aprenderla se convirtió para mí en una obsesión. Y como el imán que se acerca al hierro, mi obsesión me llevó a una preciosa amistad con la familia boliviana que vivía en el piso de arriba. Huyendo de la dictadura de Hugo Banzer, los Chirveches fueron algo más que amigos para mí puesto que además de enseñarme a pronunciar las palabras del libro, me introdujeron en las interesantes y desconocidas culturas de la gente de las Américas. Con ellos conocí Bolivia,

Perú, Ecuador, Chile... ellos me traían nuevos amigos que ampliaban mi interés por las Américas y por aprender inglés... hasta que en 1978 de la mano de mi amiga Ada, me fui a Inglaterra a aprender el inglés de primera mano y, sobre todo, a convivir con una familia, trabajando de *Au Pair.*

Mi amor por el idioma estuvo por encima de todas las dificultades que tuve que superar, desde lavar platos en restaurantes hasta cuidar niños seis días y medio a la semana, todo era válido para que pudiera llegar a hablar y escribir el inglés correctamente. Ésa era mi carta si quería dejar de trabajar en la tienda de *betes i fils* (cintas e hilos –una mercería) donde había trabajado desde los catorce años. Volví de Inglaterra sin penas ni glorias, eso sí, con una gran experiencia en lavar platos, cocinar y empezar a entender y a hablar el inglés. Mi objetivo no estaba cumplido, necesitaba aprender más, hacerme una experta, llegar a enseñar inglés, traducir, escribir libros... todavía faltaba mucho por hacer.

Siempre he pensado que mis tiempos han sido distintos a los de los demás, es decir, he hecho las cosas cuando se han presentado, no cuando tenía que hacerlas. Así es que a los veintitrés años decidí hacer lo que debí haber hecho a los doce: empezar la escuela secundaria con el fin de ir a la universidad. Trabajé en una oficina siniestra de 8:00 a 5:00 a unos 20 kms. de Barcelona y de 6:00 a 10:00 de la noche iba al instituto. Por cuatro años no supe lo que era llegar a casa después del trabajo. Después seguí con la universidad, otros cinco años también de noche. Estudié Filología Inglesa en la Universidad Central de Barcelona. Fueron los años más felices de mi vida. Recuerdo mis lágrimas el primer día que entré al Patio de los Naranjos de la universidad, el alma se me engrandeció pensando que el poeta Maragall había estado en ese mismo patio unos doscientos años atrás.

Cinco años después, al terminar, la probabilidad de dar clases de inglés en un instituto no se hizo esperar y abandoné las máquinas de escribir y los jefes exigentes por las clases abarrotadas de alumnos de secundaria interesados en aprender las palabras de las canciones de los *Rolling Stones* o de los *Beatles*. Mientras todo esto pasaba, ni Luís ni yo desperdiciábamos la ocasión de viajar a países de habla inglesa: Inglaterra, Estados Unidos, Canadá, etc.

De nuestro primer viaje a Estados Unidos nos llevamos una impresión definitiva, buena, favorable, interesante. Nos gustó la forma de organizar las cosas, la amabilidad de la gente, la facilidad para vivir. Todo era fácil, acostumbrados como estábamos a las largas esperas, a depender del ánimo de la persona que nos tenía que hacer una gestión, a los problemas a la hora de buscar las cosas necesarias y simples, básicas, para vivir… he de reconocer que visitar Yosemite en el año de su centenario nos cautivó el corazón. El paisaje, salpicado de los colores del otoño era espectacular, el dorado, el naranja, el marrón, las hojas de mil colores nos daban la bienvenida… todos ellos contribuyeron a que nuestra estancia allí prometiera una vuelta.

Volvimos a España. En nuestra mente estaba regresar, por eso, unos años después de que nació nuestro hijo Sergi decidimos emprender nuevamente la aventura americana. Esta vez íbamos los tres, Luís y yo como maestros de español con el programa bilingüe y mi hijo para aprender inglés.

Nos destinaron a una ciudad pequeña, tranquila, religiosa y republicana del este de Texas, nos dijeron que era el mejor lugar para criar a nuestro hijo, nos decían que allí la gente era abierta y amable. Lo pudimos comprobar desde el primer día. La coordinadora del Programa Bilingüe se encargó de que nuestra estancia fuera perfecta y Sergi tuvo la suerte de tener maestras muy buenas, desde la maestra de segundo grado que consiguió un diccionario catalán-inglés para Sergi hasta la de tercero que inspiró tanto a Sergi en la lectura diaria que llegó a ganar el concurso de "Spelling Bee" de su escuela unos años después.

Desde entonces, las cosas se sucedieron de una manera vertiginosa, empezamos viviendo en un sencillo apartamento del centro de la ciudad, más tarde pudimos saborear la comodidad de vivir en una casa americana, grande, con un buen jardín, rodeados de personas buenas y amables que se paraban a hablar cuando llegábamos del trabajo. Todo estaba bien... La aventura que en principio iba a durar un año, iba extendiéndose... nuestro compromiso de quedarnos solamente un año era motivado por aprender nuevas formas de enseñar, mejorar el idioma, entrar en contacto con nueva gente que, de seguro y así fue, nos animarían a tomar un nuevo rumbo en nuestras vidas. Nos quedamos un año más y luego otro hasta llegar a los once años de estancia aquí. Conseguimos la *green card* por sorteo y cinco años después la nacionalidad.

Vivir en Texas fue y sigue siendo una gran experiencia. Algunas veces pienso que todo el mundo debería vivir en los Estados Unidos por unos meses. Aquí uno aprende a organizar las cosas de manera que toda la comunidad se implique; se aprende que hay una disciplina para el trabajo y que el tiempo es una herramienta imprescindible para conseguir los objetivos de producción; se aprende que la seriedad y el compromiso son los cimientos de las futuras generaciones, que de los padres depende que los hijos sean más serios y cumplidores porque eso es lo que van a necesitar en esta sociedad.

Vivir en Texas también fue una caja de Pandora para mí porque aunque llegué para dar clases en las escuelas primarias del estado, conseguí, después de una beca para estudiar en una renombrada universidad, un flamante Máster en Educación Bilingüe que me abrió las puertas a mis clases en la universidad de UT Arlington. Y aquí estoy, enseñando español por la mañana a mis niños de segundo grado y español por las noches a estudiantes de universidad, futuros abogados, médicos, hombres de negocios, directores, maestras...

Vivir en Texas me ha devuelto el amor por enseñar, aquí encuentro la motivación y la confirmación de que soy necesaria en algún lugar. Mis niños de segundo grado me adoran y yo a ellos. Son como esponjas, a ellos les transmito mi amor por el Mediterráneo y por la tortilla de patatas, las fotos de mi hijo y su universidad; incluso una vez me llevé a la mitad de ellos a la graduación de mi hijo para que vivieran *in situ* una graduación de high school. Ahora, dos años después veo los frutos: recientemente acompañé a varios de mis ex-alumnos al reconocimiento de su espectacular carrera en la escuela primaria, a su entrada a la Honor Society of Excellence Achievement. Ellos estaban radiantes, yo, con lágrimas en los ojos sólo recordaba su interés, su compromiso, sus ganas de aprender; sobre todo, su deseo por mejorar y disfrutar aprendiendo.

Aunque sé que muchos dirán que España se lo llevó todo de América y otros dirán que España se lo dio todo, tengo que decir que Texas me dio mucho y me sigue dando, todo lo que quiera tomar y eso, no ocurre en todos los lugares de la Tierra.

# America for America

## Gloria Prieto Puentes

The smell of fried sardines filled the air on a November night of 1998. We were sitting at the kitchen table in our apartment of *Les Corts* in Barcelona. Luis suggested that we could go and teach in California for the "Bilingual Program" for a year. His best friend had just returned and his adventure was fabulous. He met a lot of people: he learned new teaching methods... we looked at each other's eyes: we wanted to try.

Luis' words were the icing on the cake of my relationship with America. It had started many years earlier, it was the 1960's when on my way back from school, I noticed a trash bin on the street. It contained only trash, but an old book hanging from one of the sides of the trash bin called my attention. The covers had no colors any more but I stopped to look at it: it was an English book, some pages were missing; other pages had many underlined words. In spite of its aspect, I picked it up; I flipped through its pages and tried eagerly to understand the language of Marilyn Monroe and Gary Cooper. I had heard many things about them on my mother's radio. I am sure that when I first read those English words my own way, no one would have understood me. I simply did not know the pronunciation but I wanted to learn so badly that I became obsessed about it. As a piece of iron is attracted to a magnet, my obsession took me into a wonderful friendship with a Bolivian family who lived above my apartment, they fled Hugo Banzer's dictatorship. The Chirveches were more than friends to me. They not only taught me how to pronounce the English words from the old book but they also introduced me to the fascinated world of the Americas. I learned about Bolivia, Peru, Ecuador, Chile...

they introduced me to new friends who would bring more friends in turn. Thus, they expanded my interest on the Americas and also on learning English until... in 1978, I went to England with my friend Ada to look after children and learn the "real" English. I became an *Au Pair*. My love for the language was above the difficulties and problems I had to overcome: from washing dishes, cooking at a restaurant; to taking care of children for six and a half days a week. Everything was worth it for me to learn and speak English correctly. That was my goal if I wanted to stop working in the haberdashery shop where I worked since I was fourteen. Back from England, no gold, no dust but a great experience in washing up and cooking. My English was beginning to improve, but my goal was not yet accomplished. I needed to learn more, to become and expert, to teach English, to translate, to write books... there was a lot to be done.

I always thought that my time was different from other people's time. That is, I did things when they came across, not when I had to do them. Therefore, I decided to start going to high school when I was twenty three. My goal was to go to college. I worked in a dark, stinky office twenty miles away from home from 8:00 to 5:00 everyday and then spent my evenings in the secondary school from 6:00 to 10:00 pm. During four long years I did not know the feeling of going home after work. Well, then college classes came. I studied English Philology at the Universitat Central of Barcelona. These were the happiest years of my life. I remember my tears coming down my cheeks the first day I entered the classroom, my soul expanded thinking that great poets such as Maragall had been in the same room, two hundred years before.

After a five year career, the opportunity of teaching English came immediately so I gave up computers and bosses, offices and bad tempered people in exchange for secondary classrooms filled with students interested in learning English and the lyrics from The Rolling Stones or The Beatles. Meanwhile, my husband and I did not stop travelling to English speaking countries: England, the United States, Canada...

The impression from our first trip to the United States was interesting and perfect. We liked the way life was organized in the USA. We loved people's kindness, we noticed that life was easy, we found everything easy, compared to the long lines we had to endure for almost everything in our country. We were used to withstand long faces from unkind people in our country; the USA was different. Our visit to Yosemite Park during its centennial captured our hearts. Yosemite has beautiful landscapes in the fall, hundreds of color leaves welcomed us to the park; golden leaves, orange leaves, brown leaves... we enjoyed the stay at Yosemite surrounded by the colors of the fall. We sure were thinking of coming back...

We returned to Spain, but we always dreamed of going back to the USA. Then, after a few years our son Sergi was born, we decided to go back to the American Dream. Now we were the three of us. Luis and I would go back as Bilingual teachers in the Bilingual Program. Our son would learn the English language.

The Bilingual Program coordinators suggested a small, peaceful, religious and republican small city in the East of Texas. They said it was the best place to raise our son, they said people there were kind and open and we confirmed our predictions. The coordinator took good care of us and our stay was smooth and perfect. Sergi was lucky to have had very good teachers, from his second grade teacher, who managed to get a Catalan-English dictionary for Sergi, to the third grade teacher, who inspired him so much in his readings that he won the Spelling Bee of the school a few years later. From then, time went by and we moved from the small apartment to a rented house a few blocks from the apartment. The house was large, American style; we didn't have enough furniture to fill every room. The garden was huge and we spent many hours there. Evenings were lovely, we were surrounded by friends who would come and enjoy a glass of wine or a cup of coffee. Everything was fine.

Our one year adventure was expanding... our commitment to

stay only for a year implied very good reasons: learn new teaching methods, improve our English and get in touch with other people to help us accomplish new challenges in life. That was it. And we stayed one more year after another until the eleven years of our residence here. We were winners of the Green Card Lottery and five years later, we got the citizenship.

Living in Texas was and still is a great experience. Sometimes I believe that everybody should live in the USA for a while. One learns to organize life differently here, in a way that would involve the whole community. One learns that a working discipline and time are important tools to achieve productive goals. One learns that commitment and rigor are the foundations for future generations. Parents are more rigorous and strict to educate their children according to the expectations of this society.

Living in Texas was also a Pandora's Box for me. After teaching in elementary schools I obtained a scholarship to get a Master's in Bilingual Education from a well known university; a degree that opened the door for me to teach at U.T. Arlington. And now here I am, teaching Spanish to second grade bilingual students in the morning and Spanish to college students, the future lawyers, doctors, teachers, business people...

Living in Texas inspired me a love for teaching. I found my motivation here and it confirms the fact that someone needs me. My students are like sponges, they get a lot from me; I pass on to them my love for my Mediterranean culture, the Spanish omelet, my son's pictures and his college experience. When my son graduated from high school, I took half of the class to his graduation. They saw *in situ* what a graduation looks like. Now, two years later, I can see the results. I was the sponsor of several of my former students to be recognized as members of the Honor Society of Excellence Achievement. They were delighted and I, with tears in my eyes, only remember their interest, their commitment, their desire for learning and, above all, their wish to improve and enjoy learning.

I know many people say that Spain took everything from

America; others will say that Spain brought everything to America. I have to say that Texas has given me a lot and it still does. It has given me everything I want to take and more. And this is a reality that does not take place in other parts of the Earth.

# No había tenido tiempo de contarte 'apá…

José Salvador Ruiz Méndez

No había tenido tiempo de contarte 'apá… son las cuatro de la mañana y aprovecho que tu recuerdo me tumbó de la cama para darte la vieja noticia: fíjate que Márquez le ganó a Pacquiao. No, no sólo le ganó, lo fulminó, el buen Manny se fue a la lona y quedó inconsciente por unos minutos. Fue algo espeluznante a decir verdad. Pasé de la alegría a la preocupación por un par de minutos porque el filipino no se levantaba, la gente a mi alrededor se desgañitaba, saltaba y un extraño me dio un *high five* diez veces y me habló con la confianza del vecino y no me mostró fotos de su familia porque no creo que la tuviera y toda la gente era un gigantesco Juan Escutia envuelto en la bandera mexicana y los más *cool* empezaban a crear las primeras bromas, memes y 'genialidades' en Twitter y Facebook (algo que le llaman redes sociales y que la gente usa para engañar su soledad) y mientras la gente reía y disfrutaba del knockout yo pensaba en lo mucho que te hubiera gustado ver la pelea… pero no ahí donde yo me encontraba entre máquinas tragamonedas y decenas de personas viendo un televisor en uno de los tantos casinos de esta frontera (ah sí, creo que no te tocaron los casinos, aparecieron con la magia de Fox y Calderón un buen día… y con la novedad que los gobiernos panistas salieron buenos para la uña y la corruptela) rodeado de extraños pero con tu presencia a distancia. Para mí fue como ver de nuevo el box con mi cabeza de niño sobre tu barriga, viendo a Pipino Cuevas o a Lupe Pintor, quizás a Carlos Zárate un sábado por la noche… o ya años después, cuando había dejado Mexicali por San Diego y visitaba los fines de semana, y caminaba hacia tu recámara oscura para comentar la última victoria de Chávez… como aquella pelea que te grabé en VHS y no dejabas de ver a Meldrick Taylor caer como una tabla por el derechazo de Chávez... pero por fin Manny se levantaba y era tiempo de regresar a El Centro, cruzar una vez más la frontera, un acto rutinario para mí pero utópico para muchos... abandoné el casino y mientras conducía sobre Justo Sierra entre pitidos victoriosos y gente eufórica caí en cuenta... ésa era la razón de mi gusto por el box. De qué otra manera podría explicarme que ese deporte tan violento me gustara si no fuera por tu herencia y el recuerdo de mi cabeza en tu barriga... y una cosa me llevó a la otra y mientras mostraba mis documentos al migra en espera del *go ahead* pensé en que por eso mismo soy Puma, porque un domingo entré a tu cuarto y veías jugar a esos Pumas de Hugo Sánchez y Cabiño ¿los recuerdas?... No manches, la melena de Cuéllar y la izquierda de Negrete y los Pumas vestidos con su uniforme blanco y tú, y tú que hablabas poco, me hablabas de las virtudes de Hugo Sánchez mientras durante el medio tiempo anunciaba pasta de dientes. El migra me interrogó sobre posibles tatuajes en mi espalda, lagrimitas de tinta en mis pómulos u otras señas que me identificaran como el José Ruiz de su pantalla, aquel que tenía una orden de restricción o aquel otro que había logrado ser de los más buscados. Y es que me heredaste un nombre 'apá que me hermana con una legión de delincuentes pero no te preocupes, ya estoy acostumbrado. A lo que no termino de acostumbrarme es a sentir una especie de nervio o ansiedad cada vez que cruzo la línea fronteriza a pesar de hacerlo legalmente desde los nueve años.

Pues nada 'apá que acá te extrañamos y que no había tenido tiempo de contarte lo de Márquez... y mira que ya no me refiero a su victoria sino a la metida de pata que cometió cuando lo entrevistaron. Y es que le dedicó la pelea al nuevo presidente de México y para tus pulgas... es del PRI. Y sí, volvió el PRI, el nuevo PRI pero son los mismos dinosaurios pero más bonitos como dice la canción.

Y resulta que no puedo dejar el café y cuando lo sorbo te recuerdo a ti y al sonido que hacías cada vez que tomabas un sorbo: "ahhhh" como si hubieras bebido algo fresco. Me escucho hacer lo mismo cada vez que disfruto una taza de café, ese café que fue lo último que te ofrecí aquel día en que decidiste no irte a Mexicali e ir a mi casa a ayudar con la mudanza.

Y es que me he mudado tantas veces 'apá, que parecía que no habría espacio que me lograra contener, había una consigna para huir antes de que los recuerdos se anidaran en los rincones... Y recuerdo mi primera mudanza, silenciosa, casi inverosímil, nadie se había mudado de nuestra casa antes y ahora el menor de la familia se aventuraba a mudarse de ciudad y de país. Y nadie supo, supimos, cómo lidiar con esto, hubo abrazos ensayados en la despedida y bendiciones de cajón. Nuestra única tradición era el silencio y la incapacidad para expresar nuestros sentimientos, aun así, me llevé una carta de despedida que amaneció debajo de mi puerta esa mañana con mi ropa y ochenta dólares como todo capital. Mrs. Forden me llevó a San Diego y me encaminó hasta el Zapotec Hall, la residencia universitaria en San Diego State. Nunca les dije que el contrato con la residencia estudiantil sólo incluía las comidas del fin de semana y que en ocasiones tenía que sobrevivir comiendo galletas que hurtaba del cajón de mi *roommate*, un joven de Santa Rosa con una fuerte afición por la fiesta y la cerveza y que cumplió el ritual de los de su raza y clase social ingresando a una fraternidad al siguiente semestre. Por primera vez viví realmente en otro mundo, fuera de mi calle, de mi esquina, de mi comida y mi país. Conocí la *Mexican food*, los burritos, las chimichangas y las flautas con queso amarillo tan ajenos a lo que entendía por comida mexicana. Experimenté lo que quería decir minoría étnica y me hermané con lo Chicano y entendí su obsesión por los murales y las raíces aztecas y los Ché Guevaras junto a Zapata y Villa fumando con Frida Kahlo y los Flores Magón viendo al Popocatépetl, después de los esteroides, cargando a la Iztaccíhuatl, después de la liposucción.

En fin 'apá, que ahora regreso a tu última mudanza y recuerdo que esa mañana de febrero fui a dejar a tu nieta a casa de Alex, le tocaste la cabeza como solías hacer y le dijiste "viejaaa" como también lo solías hacer. Te ayudé a cambiar la llanta de la *pick-up*... Quizás no debí haberte comentado que me estaba mudando porque quince minutos después te vi llegar con toda la intención de ayudarme. Al entrar viste a un par de hombres reemplazando la persiana que mi hija había destruido. No lo dijiste, pero seguro pensaste que tú lo habrías hecho mejor... me pediste café y lo endulzaste con un sobrecito de sustituto de azúcar que traías en tu bolsa... la maldita diabetes. Hablamos poco, me preguntaste por la cortadora de césped y sin escuchar mi protesta saliste a cortarlo. Subí a bajar más cajas y recuerdo la voz de uno de los tipos que cambiaba las persianas: "el señor que estaba cortando el zacate se cayó". Bajé corriendo y te vi inerme. Intenté revivirte con las nociones de primeros auxilios que había visto en películas. Tenías tus ojos abiertos y mi voz te suplicaba que despertaras mientras te daba respiración y te golpeteaba el pecho. Me oí gritar y veía gente que empezaba a husmear. Le volví a llamar al 911 y tú seguías ahí, viéndome sin verme... no he vuelto a escuchar tu voz desde ese día, las dos semanas que siguieron sólo fueron un engaño de la esperanza, nuestras voces en tu oído, tus ojos húmedos y algún mohín tuyo que alimentaba la ilusión de una recuperación posible.

Pues nada 'apá, que me persigue tu recuerdo y lo persigo sin poder asirlo... y no quiero regresar a mi rutina sin darte las gracias, gracias por las veces que me llevaste a trabajar contigo. Me despertabas temprano para tratar de evitar la cola al cruzar al otro lado y ya en Caléxico alguna vez pintamos los departamentos de doña Lupe, la china, aquella señora coda... eran viviendas viejas, roídas por el tiempo y la desesperanza... disfrutaba ir contigo cuando trabajabas en casa de la señora Elena porque siempre me daba leche y galletas, lujos que en casa no había, pero recuerdo muy bien la jardinera que "hicimos" con la señora Monje. De repente paso por esa casa y veo la jardinera que sigue ahí y me veo pasarte los ladrillos o aplanar la arena. No te lo había dicho pero cuando instalé los pisos en esta casa que ya no alcanzaste a conocer, puse tu fotografía cerca de mí para que me guiaras en estos menesteres porque lo mío no es poner pisos.

Pues nada 'apá que acá todos estamos bien, tus nietas están creciendo, eso sí, te salvaste de las mordidas y los jalones de pelo de Lolia… ella sigue sin hablar por ese condenado autismo… pero en el fondo creo que se hace y un día sacará voces guardadas dentro de ella. Salma sigue creciendo y lo último decente que dijo en español fue "patas"… ahora ya todo lo dice en inglés para colmo de mi profesión.

Bueno 'apá, resulta que hoy habría sido tu cumpleaños y no había tenido tiempo de contarte que Márquez le ganó a Pacquiao y que acá todos estamos bien. Ya otro día te contaré más…

# I Have Been Meaning to Tell You, Dad…

### José Salvador Ruiz Méndez

I have been meaning to tell you something dad… it's four in the morning and since thinking about you kicked me out of bed, I will do so right now. Guess what? Juan Manuel Marquez beat Manny Pacquiao. He did not just beat him, he fulminated him; the good old Manny kissed the canvas and was completely out for a few minutes. It was really scary, to tell you the truth. I went from being excited to being concerned because Manny would not wake up, people around me were screaming their lungs out, jumping and screaming and a completely stranger gave me a "high five" about ten times and he spoke to me as old friends do; he did not show me pictures of his family because I don't think he had one; and the whole mass of people turned into a gigantic Juan Escutia, wrapped in the Mexican flag. Hipsters started to post the first jokes, memes and 'witty' comments on facebook and twitter (I don't think you got to know them but they are called social media and people use them to pretend they are not lonely). As people kept laughing, toasting and enjoying the knockout, I kept thinking on how much you would have liked to see the fight. Not there, in a casino… (you probably didn't know about these casinos but they started popping up with the magic stroke of Fox and Calderón… and guess what? the PAN governments turned out to be as great thieves and as corrupted as the old PRI)… where I was surrounded by strangers but with your presence constantly in mind. To me, it was like being a child again, watching boxing matches with my head resting on your belly as a pillow, watching Pipino Cuevas or Lupe Pintor, perhaps even Carlos Zarate on a Saturday evening in your "cueva." Or years later, as a young man, after I left Mexicali for San Diego and would come back on the weekends. We would comment briefly on the most recent victory of Julio Cesar Chavez... like that fight that I videotaped for you in VHS and you would watch over and over to see how Meldrick Taylor falls from a right hook from Chavez. But, Manny was getting up and it was time for me to go back to El Centro, a routine trip for me but a utopic one for many... I left the Casino and while driving on Justo Sierra Boulevard among victory car honks and euphoric people, it came to me... this is why I like boxing. Why on earth would I like such a violent sport if it wasn't for the memories of my head on your belly... while I was showing my papers to the Border Patrol officer waiting for his 'go ahead' it occurred to me that you are also the reason why I am a Pumas' fan... because one Sunday afternoon, I went into your room and you were watching a Pumas game. Hugo Sánchez and Cabiño were part of that team... remember dad? Duuuude... Cuellar's afro hairstyle and Negrete's left foot; the Pumas wearing that awesome white uniform and you, you who were short of words, started to talk to me about the virtues of that young Hugo Sanchez...

Well dad, we all miss you down here. And I hadn't had the chance to tell you about Marquez, I am not talking about his victory over Pacquiao anymore but rather about his slip-up during a live interview... he dedicated the fight to the new president of Mexico... and to make matters worse... he is from the PRI. Yes, the PRI is back, they are the same old dinosaurs but they much are better looking now or so that song goes.

As it turns out, I can't stop drinking coffee; every time I take a sip of it I remember you and that very particular sound you would make when sipping coffee... it was an "ahhh" sound as if you had taken something refreshing. I find myself doing the same thing every time a sip from my coffee... and coffee was the last thing I offered you that day when you decided not to drive back to Mexicali and instead drove towards my place to help me move.

It's just that I have moved many times dad, it seems that there was never a space that would bring me solace, there seemed to be some kind of need to flee before any memory set home in a corner of the house… I still remember the first time I moved, silent, almost far-fetched, nobody had moved from home before and here I was, the youngest of the family ventured out to another city, another country actually. And no one really knew how to deal with that, there were some robot-like farewell hugs and blessings. Our only tradition had been one of silence and our innate incapacity to express our feelings, even so, I took with me a farewell letter that someone slid down my door, most of my clothes and eighty dollars. Mrs. Forden drove me to San Diego since we didn't have a good car for that trip and she walked me down to the Zapotec Hall, my dorms in San Diego State. I never told you guys that the only Dorm Package I could afford was the one that excluded meals during the weekends; I did not tell you either that at times I survived by stealing cookies from my roommate, a young man from Santa Rosa with a strong affinity for beer and partying that was kind enough to fit the stereotypical college white boy by "rushing" during Greek Week and leaving the dorm to live in a Fraternity. For the first time I lived in another world, away from my street, from my street corner, from my food and my country. I discovered "Mexican food": burritos, chimichangas and rolled tacos with American cheese, which was so different from my Mexican food. I experienced first-hand what it meant to be an ethnic minority and I bonded with Chicano culture, I finally understood their obsession with murals and Aztec themes and Che Guevara next to Zapata and Villa smoking with Frida Kahlo and the Flores Magón brothers all watching an image of Popocatepetl on steroids and a post tummy tuck Iztaccihuatl.

Anyway dad, I now come back to your last move and remember that February morning when I went to drop off your "nieta" to my sister's house, you were there and you put your hand in my daughter's head and said: "viejaaaaa" as you would always do. I changed a flat tire in your old pickup truck… that truck that would always give you trouble… time never allowed me to get you something better.

*Déjame que te cuente...*

Perhaps I shouldn't have mentioned that I was moving because fifteen minutes later I saw you coming to help me move. You saw a couple of men installing new window blinds to replace the one my daughter had broken. You asked for coffee and you pulled out Splenda from your pocket... damn diabetes...

We didn't speak much, you asked were the lawnmower was and I asked you not to worry about it, besides, I was not going to live there anymore... you did not listen, of course. I went upstairs to bring down more boxes and all of the sudden; I heard one of the guys working on the blinds saying that: "The man who was mowing the lawn has fallen." I ran downstairs and I saw you motionless. I tried CPR as I have watched them do it at the movies, to no avail. Your eyes were open and I was talking to you, telling you to wake up. I would try mouth-to-mouth resuscitation and would hit your chest but... nothing. I hear myself screaming; saw people coming to find out what was happening. I called 911 again and you were still there, looking at me without actually looking...

I have not heard your voice again ever since that day, the following two weeks were just an illusion of hope but at least you were able to hear our voices... Ah, before I forget, I want to thank you for the days that you would take me to work with you. We painted those old apartments for doña Lupe; she was a stingy lady by the way. I used to love going with you to señora Elena's house because she would always gave me milk and cookies... but above all, I remember perfectly the "jardinera" (planter) that we built in Mrs. Monje's backyard. Sometimes, I drive by that house and see that "our jardinera" is still there. I see myself passing bricks to you one by one or tapping the sand for you to lay them...

You know what? When I installed the floors in my new house, I sat your picture close to me so that you could help me out in these endeavor, because it is a bit foreign to me now.

We are all doing well down here, your grand-daughters are growing up... you were lucky not to be pinched or bitten by Lolia... she still doesn't talk due to her autism. Deep down, I think she is just pretending… Salma is growing up and the last 'decent' Spanish word that came out of her mouth was "patas"… she now speaks mostly in English… talk about irony.

Well dad, today is your birthday… sort of… and I hadn't had the chance to tell you that Marquez beat Pacquiao and that we are doing well down here. I will tell more soon…

# Descendencia boliviana

### Margarita E. Pignataro

Mis ancestros son bolivianos: mi bisabuelo era de Oruro y viajó hasta Chile para crear una nueva vida. Mi abuelita, chilena-boliviana, inmigró a los EE.UU. en el año 1970.

Siempre en la sobremesa del desayuno nos contaba, a mí y a mi primo Tito, que su padre "quería regresar a su tierra querida, Bolivia, y llegar a Oruro, para reunirse con su gente aymara".

Un día, después de años de escuchar el mismo cuento, le pregunté a mi abuelita, "¿y mi bisabuelo logró su sueño? "Sí, cuéntanos abuelita" —añadió mi primo Tito— "¿Llegó a viajar de Chile a Bolivia el bisabuelo?" Mi abuelita, con la mirada fija, nos dijo que sí había logrado su sueño a los setenta y dos años...

"Estuvo por tres días en su tierra querida. Fue al tercer día cuando subía una montaña para visitar a unos parientes e iba tan rápido que se le explotó el corazón".

Se paró de la mesa mi abuelita y esa fue la última vez que menció a mi bisabuelo quien logró su sueño de regresar a su país natal y ser enterrado en el mismo lugar.

Ahora yo, como profesora de español, al estudiar la historia, cultura y literatura bolivianas, a mis estudiantes siempre les menciono a mi bisabuelo y su deseo de regresar a su tierra.

# Bolivian Descendant

## Margarita E. Pignataro

My ancestors are Bolivian: my great grandfather was from Oruro and he travelled to Chile to make a life for himself. My Chilean-Bolivian grandmother immigrated to the United States in 1970.

After breakfast, she always told the story about her father to my cousin Tito and me, "he wanted to return to his beloved land, Bolivia, destination Oruro, to be reunited with his Aymara family."

One day, after years of hearing the same story, I asked my grandmother, "did my great grandfather's dream come true?" "Yes, Abuelita, do tell us" —my cousin Tito said and added: "Did great grandfather get to travel from Chile to Bolivia?"

My grandmother, stared ahead, and responded that his dream came true at the age of seventy two...

"He was in his beloved land for three days. It was on the third day when he climbed a mountain to visit relatives but he was going so fast that his heart exploded."

My grandmother stood up and left the table. That was the last time she mentioned my great-grandfather whose dream, to return to his native land and be buried there, came true.

Now I am a professor of Spanish; as I study the Bolivian history, culture and literature with my students, I always mention my great-grandfather and his desire to return to his native land.

# Experiencia de una chilena

Juana Cortez Bilbao Pignataro

Mi mundo estadounidense comenzó con mi llegada vía aérea a Boston, Massachusetts de Santiago, Chile el 2 de agosto del año 1966, de allí unas 45 millas al oeste a Worcester para comenzar mi nueva vida ya de casada. No pensé continuar mis estudios en los EE.UU. sino en formar una familia. El haber dejado mi país Chile me afectó enormemente; no por haberme casado con un italoamericano no me ha costado acostumbrarme en un nuevo país, siempre está la nostalgia. Yo creo que a ningún individuo se le hace fácil emigrar a otro país, no importa cuál sea la situación por la cual emigre, las circunstancias de la vida nos pone a decidir qué camino seguir. Dejar mi país fue difícil; dejar todo atrás: mi familia, amigos, costumbres, la música, la comida, el hogar y el trabajo. Al llegar a este país lo primero que me sucedió fue el sentimiento de estar sola, buscar qué hacer para no caer en la nostalgia. El no tener comunicación constante con mi familia en esos años me entristecía, pero me alegraba cuando recibía correspondencia de Chile. Personalmente me encontré con cosas muy diferentes que se acostumbra hacer en EE.UU. pero lo principal para mí era la barrera del inglés; ya sea para ir de compras, visitas de doctores o simplemente para hacerse entender. Es cierto que uno tiene que empezar de nuevo a amañarse a un nuevo estilo de vida, especialmente en este país de inmigrantes. En ese tiempo a una se la consideraba un tanto ignorante por falta de comprensión del inglés; de no poder comunicarse bien; tener una conversación fluida o porque una era físicamente diferente. Tenía que aprender obligadamente el idioma para poderme entender mejor con las personas de otras culturas étnicas.

La primera vez que me atreví a salir de casa sola me subí a un autobús al centro de la ciudad y tenía la intención de independizarme un poco para salir de la rutina de todos los días: cocinar, lavar ropa, limpiar la casa, ver televisión. Me convencí que la práctica de un idioma lo hace todo y desde esa experiencia quise aprenderlo. Había una escuelita elemental en la cual se ofrecían clases de inglés; me encontré con un grupo de gente de diferentes países y ya me estaba acostumbrando a la idea que podía hacer más y seguir como sea para mejorar mi vida. Mi esposo trabajaba de noche y me consumía el miedo de estar sola en un departamento con mi hija recién nacida pero las dos nos acompañábamos. Luego, en 1970, me informé que había comenzado un programa gratis de clases y servicio de guardería en Quinsigamond College. Me matriculé y tomé unos cursos: mientras asistía a las clases a mi hija la dejaba en la guardería, y cuando terminaban mis clases yo me turnaba en cuidar a los niños y así nosotros los estudiantes jóvenes podíamos avanzar nuestros estudios.

Dos años después puse a mi niña en la clase regular de kínder en Worcester Public Schools y me di cuenta que había empezado un programa bilingüe en tal escuela primaria en donde pronto se presentó un trabajo de ayudante de maestro y por mucho tiempo fui ayudante, lo cual me ayudó a poner a mi niña en una escuela católica privada. Después empezaron programas bilingües en otras escuelas por lo que me trasladaba de una a otra escuela. Me propuse estudiar para conseguir un puesto de sustituta, por lo tanto, empecé un programa de 2 años en New Hampshire College. Nació mi otra niña y seguí trabajando como sustituta, criando a mis hijas y terminando mis estudios. Viajaba a New Hampshire tempranito un fin de semana al mes y volvía tarde. No fue fácil traer los trabajos por un mes y volver al siguiente para entregarlos, pero decidí seguir hasta terminar lo que me había propuesto porque sabía que valía la pena. Saqué mi certificado en Human Services con el cual dejé la escuela por un tiempo y trabajé para la comunidad como consejera para los niños y los padres. Noté que en el sistema bilingüe la comunidad hispana aumentaba y que en su mayoría era puertorriqueña. Entonces decidí dejar el trabajo de consejera y volver al sistema bilingüe con la intención de completar cursos que me faltaban para conseguir la certificación de maestra, y lo logré.

Como hispana, a veces era difícil trabajar con los anglosajones porque no cooperaban conmigo algunos colegas. No les gustaba la idea de que hubiera un programa bilingüe en sus escuelas pero la ley lo ordenó que fuera así. Tenía vocación de maestra, era muy paciente y disciplinada con los niños, me respetaban mucho y me querían. Les enseñaba las costumbres hispanas a través de las comidas, los cantos, los bailes; enseñando lo máximo para que más tarde siguieran esforzándose en los estudios, para alcanzar una buena calidad de vida, ser un buen ciudadano, dejar bien su país de origen y conseguir el respeto de todos como un buen ser humano. Me llevaba con todas las maestras hispanas, la mayoría puertorriqueñas, me consideraban una buena maestra y me identificaban conociendo el mismo idioma. Al saber hacer bien las cosas que uno quiere conseguir vale la pena este cambio migratorio. Para emigrar se necesita fe, perseverancia, paciencia, respeto, humildad y saber comportarse para lograr éxito honradamente. Para mí, el orgullo de sembrar mis semillas en este país y darle buenos principios a mi familia crea un buen modelo para mis descendientes.

Me satisface ver el programa de televisión "Ecuatorianos en el mundo" con Galo Arellano porque entrevista a los ecuatorianos que se han restablecido en diferentes partes del mundo y al terminar el programa siempre dice, "Emigrar es cosa de valientes: empezar de cero es cosa de emprendedores". Al igual que la tecnología y los programas internacionales de televisión que uno ve desarrollándose, he visto los avances de mi pueblo estadounidense especialmente el aumento de los inmigrantes hispanos de otros países; antes parecía un lugar tranquilo, con menos gente, automóviles y casi ningún hispanohablante; hoy resaltan los hispanohablantes en Worcester como una gran ciudad de hispanos propietarios, negociantes, dueños de restaurantes y tiendas, agencias de viaje y transporte, profesores y abogados. ¡Sí se habla español!

*Déjame que te cuente...*

La vida me sonríe, cumpliendo todo lo que he emprendido en cuarenta y seis años. He logrado mis objetivos: ayudar a mi esposo y dar una buena educación a mi familia. Me considero una buena inmigrante. He servido a pesar de todos los obstáculos que en el camino se me han presentado. Me he sacrificado para darle a mi familia lo mejor para que fueran unos buenos seres humanos y participantes en la sociedad en que hoy en día se vive.

# A Chilean Experience

## Juana Cortez Bilbao Pignataro

My new life in the United States of America began with my arrival to Boston, Massachusetts from Santiago, Chile on August 2nd 1966, and my final stop would be 45 miles west to Worcester to start my new married life. I didn't think I would continue my education in the U.S. I only thought I would have a family. Leaving my country had an enormous effect on me. The fact that I married an Italian-American did not mean it would be easy getting used to a new country; there is always nostalgia. I believe that to migrate to a new country is not easy for anyone, no matter what the reasons might be. Life's circumstances give us an opportunity to decide which avenue to follow. Leaving my country was difficult; it meant leaving everything behind: family, friends, customs, music, food, home and work. When I arrived to this country my first feeling was of being alone. I had to find a new way to occupy myself and avoid nostalgia. Not having constant communication with my family in those years saddened me, but when I received correspondence from Chile it made me happy. I personally found things very different because of the manner in which people are accustomed of doing things in this country; but, the main barrier for me was the English language, it was difficult whether it be for going shopping, doctor's visits, or simply to be understood by others.

It is true that one has to get acquainted with new customs, learn everything that is new especially in this country of immigrants. In those times, one was seen as ignorant for lack of understanding the English language, for not being able to communicate well nor have a fluent conversation or just because one was physically different. I was compelled to learn the language so I would be understood better by people of other cultures.

The first time I had enough courage to leave the house on my own, I took a bus to downtown. My intention was to make myself independent, to escape from my every day routine: cooking, washing clothes, cleaning the house, and watching television. I convinced myself that by learning the language I would be able to do everything. From that experience, I decided to learn English. There was a small elementary school where English classes where offered. Here I found a group of people from different countries. I was getting accustomed to the idea that I could do more and get ahead to better my life. My husband worked nights and I was afraid to be alone in my apartment with my new born daughter but we both accompanied each other. Then, in 1970, I was informed that there was a new program offering free classes and child care at Quisigamond College. I registered for few courses. I left my daughter at the child care center while I was in class and when my class was over I took my turn to take care of the other children. This way we young mothers could advance our studies.

After two years I put my daughter in a regular kindergarten class in the Worcester public schools. I found out that in that same school there were starting a new program which was bilingual Soon after, there was a job opening for a teacher's aide which I obtained. I also transferred my daughter to a private Catholic school. After other bilingual programs opened in other schools, I was moved several times to different schools. I decided to take college courses to obtain a substitute teacher position, thus I began a two year program at New Hampshire College. My second daughter was born and I continued working as a substitute teacher, raising my daughters and finishing my studies. I travelled one weekend a month to attend classes at New Hampshire College. It wasn't easy bringing a month's worth of work home and then returning the next one to submit it, but I decided to continue until I finished what I had set out to do because it was worth it. I obtained my certificate in Human Services, I left teaching for some time and worked for the community as a counselor for children and their parents. The Hispanic community was growing in the bilingual program, especially the Puerto Rican population. So I decided to leave the counselor's job and return to the bilingual program. I had the intention to complete the courses which I lacked to become a certified teacher.

As Spanish speaker, working with the Anglo colleagues was difficult at times because there was no cooperation from them. They didn't like the idea of having a bilingual program in their school, but the law ordered it that way. I had a teaching vocation; I was patient and disciplined the children; they respected me much and liked me. I taught Hispanic culture through food, songs, dances, etc. to children, I taught them everything I could in order for them to continue their efforts in their future studies. I encouraged them to work for a good quality of life; to be good citizens; to set a good example for their country of origin and to obtain respect from everyone as good human beings in life. I got along with all the Spanish teachers, the majority of which were Puerto Rican. They considered me a good teacher and they identified with me since we knew the same language. Knowing how to do things well and how to obtain our goals is worth the effort in this migration change. To migrate we need faith, perseverance, patience, respect, humility and knowing how to act well to excel in life with honesty. For me, the pride of having had my children in this country and given them good principles creates a good example for my descendants to follow.

I feel satisfied when I watch the TV show "Ecuadorians in the World" hosted by Galo Arellano because he interviews Ecuadorians who have re-established themselves in different parts of the world. At the end of his program, he always says in Spanish: "To immigrate is something of valor: to start from zero is entrepreneurial." Just as one has seen technology and international television programs develop, I have seen the advances in my United States town, especially with the increase of Hispanic immigrants from other countries. In the past, it seemed to be a tranquil town, with less people, less cars and almost no Spanish speakers; today Spanish speakers in Worcester are noticeable and it is a grand city of Hispanic land owners, business people, restaurant and shop owners, travel and transportation agencies, professors and lawyers. Yes, Spanish is spoken here!

Today, life is a pleasure to me, having accomplished all my endeavors in forty six years. I have done it all: I helped my husband and provided a good education to my family. I consider myself a good, deserving immigrant; regardless of all the obstacles that were presented on my journey. Sacrificing myself to give my family the best in order for them to be good human beings in the society in which they live today, is my reward.

# Sueños de una niña

Mayela Vallejos-Ramírez

*A mi madre por haberme permitido volar*
*y ser hoy quien soy.*

Si alguien me hubiera dicho que pasaría una gran parte de mi vida aquí en los Estados Unidos no lo habría creído. La niña que nació y creció en un pequeño país centroamericano rodeada del cariño de su familia y amistades dio un giro de 180 grados en su vida cuando decidió que necesitaba expandir sus horizontes. Esto me lleva a recordar dos acontecimientos importantes que sembraron esa semillita de la curiosidad por indagar lo que había más allá de los entornos de mi pueblo y mi familia. El primero sucedió cuando tenía unos cinco años y mi tío llegó del colegio con la historia de que uno de sus compañeros se iba a los Estados Unidos con una beca de la AFS (American Field Service) y que viviría con una familia norteamericana. Recuerdo claramente que les dije: "algún día cuando sea grande yo también iré en ese programa", todos se rieron y continuaron con sus pláticas de adultos. El tiempo pasó y yo olvidé ese momento. Cuando llegué al colegio en mi primer año, en mi clase de estudios sociales, la profesora doña Gladys de Duarte nos mostró unas fotos de Mount Rushmore y me dije a mí misma: "Yo voy a ir a ese lugar".

No fue hasta tres años después que Don Javier Cortés, entrañable amigo de mi familia y un hombre al que admiraba por su sabiduría, su inteligencia y por saber tantos idiomas, además de conocer varios países, llegó con la noticia de que estaban reclutando estudiantes que quisieran participar en el programa de intercambio de la AFS. En ese momento me remonté a mi niñez y recordé lo que había dicho en ese entonces. Estaba emocionadísima pensando que mis sueños se me podían hacer realidad. Fui corriendo a contárselo a mi madre, pero ella no se emocionó y me dijo que era muy difícil que me lo dieran. Para entonces, ya estaba determinada a hacer todo lo que fuera necesario para obtener una de las becas. Fue un largo año de papeles que iban y venían. En la casa a nadie le parecía interesante lo que hacía. Creo que el hecho de que mi papá tuviera poco tiempo de haber muerto no le permitía a mi mamá darme el apoyo que yo necesitaba en ese momento, pero nada me hizo desistir: estaba propuesta a lograrlo a costa de lo que fuera. Lo recuerdo como si fuera ayer que una tardecita, como a eso de las seis, sonó el teléfono: era una persona de la AFS para informarme que habían llegado los diez primeros nombres de las personas que irían a los Estados Unidos por un año y que el mío era uno de ellos. Estaba que brincaba de una patita, ¡no podía creer mi dicha! En mi casa nadie se alegró. Así que fui a visitar a una amiga de mi mamá que era muy buena conmigo, doña Victoria Velázquez. Ella sí que se alegró por mí y me dio muchos ánimos. Yo no podía entender en ese momento por qué mi mamita no se mostraba feliz por mí y no me percaté que era que desde ese instante estaba sufriendo por mi partida. Fue hasta que regresé que me di cuenta lo mucho que ella me quería. ¡Estaba tan orgullosa de mí! Durante ese año ella hizo muchos sacrificios para llamarme por teléfono dos veces al mes, pues en esa época las llamadas eran carísimas, y me enviaba paquetes con ropa y con antojos, además de sus constantes cartas que me daban la fortaleza para estar lejos de ellos.

Los siguientes tres meses fueron de preparativos que tuve que cumplir sola. Esa fue la parte más difícil para mí porque era una niña muy tímida y todo me daba miedo y vergüenza. Siempre había tenido personas que me hicieron las cosas y eso me había hecho muy consentida además de la timidez. Mi mamá me dijo "pues si usted quiere irse va a tener que hacer todas las cosas usted misma". Me encapriché y empecé con todas las diligencias sin ayuda de nadie. Me fui a San José para sacar mi pasaporte, nunca había ido sola a la capital y eso fue una odisea pero pasé todas las pruebas hasta ir a la embajada americana para que me dieran la visa. Recuerdo que ahí vi como a veinte jóvenes con sus madres o padres haciendo el procedimiento. También recuerdo que la cónsul me dijo: "Y usted, ¿con quién vino a hacer los trámites?" y yo muy orgullosa le dije "SOLA, porque vengo de Guanacaste y mi mami no podía venir conmigo". Ella se sonrió y me dijo "¡La felicito!" Yo estaba tan orgullosa de mí misma con mis escasos dieciseis años.

Un doce de agosto tomé un avión con cuarenta ticos y ticas que veníamos a ese intercambio. Llegamos al aeropuerto John F. Kennedy donde nos recogieron y nos llevaron a una universidad en Nueva York la que pasamos una semana de entrenamiento. Nunca olvidaré a tantas personas que conocí de todas partes del mundo. Por fin, nos enviaron a nuestros respectivos lugares y nuevas familias. Llegué a Sioux Falls, South Dakota con grandes ilusiones y deseos de aprender el inglés. Claro que también me moría de miedo al pensar que mis conocimientos de la lengua eran casi nulos y mi nueva familia no hablaba español. Viví con una adorable familia: mis papás Weniger. Helen y Robert no sólo me abrieron las puertas de su casa sino también las de su corazón, realmente me trataron como a una hija. Mi papá Weniger se dio a la tarea de enseñarme diez palabras nuevas en el café Sunshine cada tarde después de recogerme del colegio.

No me relacioné mucho con los americanos porque no me sentía muy bien entre ellos, hasta que un día en la cafetería una chica se acercó a mí y me dijo "¿Es cierto que tú hablas español?" Desde ese momento nos hicimos inseparables. Era Myrna Cuevas, una joven de Monterrey, México. Fue un año muy lindo de grandes experiencias y aprendizaje. Ya para finalizar el programa mis papás Weniger me regalaron un viaje a Mount Rushmore y mi otro sueño se me hizo realidad.

Luego regresé a mi país: la niña tímida y temerosa que había salido de un pequeño pueblo llamado Santa Cruz regresaba convertida en una mujercita firme y decidida a triunfar en este mundo. Todos comentaban lo diferente que me veía y cómo mis acciones mostraban a una joven más extrovertida y madura, a tal extremo que el director del colegio me pidió que enseñara las clases de inglés de una profesora cuyo esposo había muerto y ella no podía trabajar por el resto del año. La que se fue de Santa Cruz nunca hubiera aceptado ser estudiante/maestra por cuatro meses; pero la que regresó, sí aceptó el reto. Esta experiencia fuera de mi país había cambiado mi vida para siempre.

Al año siguiente me fui a la Universidad de Costa Rica en donde estudié inglés como segunda lengua. Le había jurado a mi mami que nunca más me volvería a ir porque la encontré muy afectada con mi partida; todos me contaban cómo lloraba cada vez que recibía mis cartas, pero como dicen "uno pone y Dios dispone..." la vida tenía otros planes para mí.

Recién había terminado la licenciatura y como regalo del cielo me habían dado un trabajo de maestra de inglés en el colegio experimental de la Universidad de Costa Rica, cuando llegó una de mis profesoras de la UCR y me contó que en Reed College en Portland, Oregon buscaban una persona que quisiera ir por un año para ser asistente de español. Ese gusanito que parecía dormido en mí se despertó y empezó a convencerme de que podía venir por un año, "¿qué era un año? el tiempo se va rápido", me dije a mí misma. Le comenté a la profesora Mirian de García quien había sido mi mentora y consejera que sí me interesaba la propuesta y que iba a preparar mi solicitud. Lo que no sabía era cómo se lo iba a decir a mi mami. Se me ocurrió llamar a mi cuñada y le conté lo que me estaba pasando. Ella me dijo: "Mire Mayela, los traumas son personales. Tal vez usted desista de hacer este viaje para no incomodar a su mamá, pero por dentro va a vivir con la duda, con el rencor, con la molestia de que no lo hizo por ella y eso va a ser peor." Le agradecí el consejo y llamé a mi mamá decidida a escuchar lo que fuera. Le dije: "Mamá, me dan esta oportunidad de ir por un año a Portland para perfeccionar mi inglés". Y ella me contestó: "¡Qué bien mi amor! Y, ¿para cuándo es el viaje?" No lo podía creer, me quedé atónita pensando que mi mamá ya no me quería y que no le importaba que me fuera. ¡Qué extraños somos los seres humanos!

En menos de un mes estaba volando a Portland tan llena de ilusiones. Viviría en la casa española con seis estudiantes más. Mi trabajo era asegurarme que en la casa hablaran español y que hiciéramos diferentes actividades sociales y culturales. Aunque éramos muy diferentes uno del otro por alguna razón mágica nos acoplamos de una manera maravillosa. Pasaba inventando cosas para que el tiempo en la casa fuera productivo y pudieran sacarle el máximo de provecho. Con ellos aprendí tantas cosas, especialmente de Jaime Zapata, un joven que aunque se veía tosco en el exterior era más dulce que la miel. Yo nunca había conocido a un chicano, era algo nuevo para mí como muchas cosas más que aprendí en esos dos años en Reed. Lástima que no puedo contar con lujo de detalle todas esas historias que son sumamente interesantes. En el college había cuatro casas más y yo me hice muy amiga de la alemana y la francesa, teníamos actividades compartidas y todo era como un sueño.

Tal vez el aspecto que me impactó más fue ser asistente de la Dra. Sharon Larish porque me di cuenta que yo sabía mucho de literatura inglesa y norteamericana pero nada de la latinoamericana. ¡Qué vergüenza! Me acuerdo del primer libro que tuve que estudiar para su clase *Pedro Páramo*, estaba más perdida que una valija en el aeropuerto. Lo leí como cuatro veces y no entendía lo que estaba pasando. Así que me dirigí a la biblioteca y me leí unos artículos sobre el libro y todo empezó a tener más sentido para mí. Desde ese momento me enamoré de la literatura latinoamericana y me empeñé en aprender cada día más. Al mismo tiempo, empecé a estudiar gramática española con el Dr. Robert Johnston porque no podía concebir no poderle explicar a los estudiantes de la mesa de español la diferencia entre el imperfecto y el pretérito. Me parecía que eso a mí nunca nadie me lo había enseñado. "Inaudito" me decía "haber estudiado la gramática de Chomski en Costa Rica y no saber nada de la mía".

Al empezar la primavera, el Dr. Paul de Young me dijo que era poco fuera de lo común que se contratara un "language scholar" por dos años pero que yo era la primera asistente que habían tenido para la casa de español y que como había hecho un papel tan espectacular querían preguntarme si me quería quedar por un año más. Ni lerda ni perezosa les dije que sí.

Después de pasar el verano con mi familia, regresé por un año más y empecé a pensar que me gustaría hacer una maestría en los Estados Unidos. Recordé que hacía unos tres años había conocido a una cubana en el colegio donde yo hacía mi práctica docente. Ella estaba en Costa Rica ese verano con una beca Rockfeller en mi colegio. La verdad que nadie le ponía mucha atención a la señora y decidí hacer que se sintiera bien en mi país. Al final ella me dio una tarjeta de la Universidad de West Virginia y me dijo: "Mira, si alguna vez quieres hacer una maestría escríbele a Robert Elkins y dile que yo te recomendé". Pues busqué la tarjeta y como por arte de magia la encontré en mi libreta de teléfonos. Le envié una carta exponiéndole mi deseo de estudiar allá y me contestó en seguida diciendo "que el hecho que fuera recomendada de la señora White y que estuviera en Reed College, me hacía una candidata excepcional". Mandé mis papeles y en agosto de ese año llegué a Morgantown, West Virginia para empezar mi Maestría en Literatura Latinoamericana.

La mayoría de los estudiantes latinoamericanos realizaban sus estudios en TESOL (la enseñanza del inglés como segundo idioma), pero ya para esa época estaba totalmente convencida que mi mundo era el latinoamericano. Nunca había sentido tanto gusto enseñando y compartiendo mis conocimientos culturales y gramaticales con personas como lo hacía ahora. Así que había encontrado mi verdadera profesión. Gracias a Dios, escogí al Dr. Pablo González como mi asesor académico y director de tesis. Este hombre fue como un padre para mí, además de que me dio la oportunidad en dos años consecutivos (también algo fuera de lo común) que le acompañara como su asistente a Guanajuato, México. Con esto estaba cumpliendo otro sueño de vida: conocer México. De niña tenía una vecina, doña Marta, una joven mexicana que se había casado con un doctor tico. A mí me encantaba ir a su casa para oírla hablar con ese acento diferente y además que me regalara enchiladas y taquitos, pues eso en mi pueblo no se veía; el único restaurante mexicano "Antojitos" que existía estaba en San José y a veces cuando mi mamá y yo íbamos a la capital, me llevaba a comer ahí. Mi experiencia como asistente del Dr. González me dio la oportunidad de conocer muchos lugares de México y de empaparme más de esa hermosa cultura. Además que eso me proporcionó la experiencia para que más adelante fuera la directora de grupos en Querétaro mientras hacía mi doctorado.

Cuando iba a terminar mi maestría, tuve el firme propósito de regresarme a casa, ya que me sentía cansada y había rechazado las dos universidades a las que había solicitado para hacer el doctorado. Sin embargo, un día el Dr. Johnston que ahora trabaja en Northern Arizona University, me llamó para ofrecerme un puesto de "Visiting Lecturer" el cual acepté porque pensé que era una buena oportunidad para ahorrar un poco y regresar a casa con dinero propio. Ese año el Dr. González me llamó varias veces y me animaba a seguir con el doctorado diciéndome que una maestría no era suficiente y que yo tenía mucha madera. Me parecía que era mi papá que se valía del Dr. González para repetirme algo que me decía cuando era niña: "Quiero que mi hija obtenga el título más alto que pueda conseguir". Llamé a la Universidad de Nebraska y hablé con la jefe del departamento de ese entonces, la Dra. Harriet Turner quien me dijo que activaría los papeles y que no necesitaba volver a presentar la solicitud. Ya para marzo me comunicó que era una vez más la mejor candidata ese año y que me otorgaban una beca especial además de la beca regular. Creo que para esa época mi familia no me creía que fuera a regresar para vivir en Costa Rica, pues cada Navidad y verano que estaba allá decía lo mismo: "esto es ya lo último que voy a hacer, ya me voy a regresar". Mi estancia en Nebraska fue muy buena. Hice mi doctorado en cuatro años. Trabajé de nuevo en Northern Arizona University como profesora visitante y luego regresé a Nebraska por tres años como directora del programa básico de español porque la Dra. Harriet Turner quería ayudarme a que obtuviera la tarjeta de residente. Después de obtener la residencia solicité trabajo en otras universidades y me gustó Colorado Mesa University para establecerme. Es un lugar muy lindo rodeado de montañas y en donde no hace el frío inclemente de Nebraska.

Casi sin darme cuenta, he pasado nueve años de mi vida en este lugar. Siempre le digo a las personas que me preguntan que si vivo en los Estados Unidos y yo les respondo que no. "Yo trabajo en los Estados Unidos y *vivo* en Costa Rica." Eso gracias a que durante todos estos años he pasado cuatro meses del año en mi país natal y ocho trabajando aquí. A veces es un poco duro porque extraño a mi familia pero amo lo que hago y todas las oportunidades maravillosas que la vida me ha dado.

En fin, mis tres sueños de niña: ser estudiante de la AFS, ver Mount Rushmore y visitar México se han cumplido gracias a la tenacidad que ha caracterizado mi vida y a la madre que Dios me dio porque me enseñó que en esta vida uno trabaja por lo que quiere, y por la libertad que me dio para crecer y tomar mis propias decisiones. He tenido una vida dividida entre dos naciones, dos lenguas, dos grupos de personas: mi vida es una dualidad que a veces se me complica pero no la cambiaría por nada, es la vida que he decidido vivir. Gracias a miles de personas, especialmente a mi familia, que han sido una parte fundamental en este camino.

# Dreams of a Little Girl

Mayela Vallejos-Ramirez

*To my mother, for allowing me to fly*
*so I can be who I am today.*

If anyone had told me I would be spending a great deal of my life here, in the United States, I would not have believed it. The life of a girl born and raised in a little country in Central America, surrounded by the love of her family and friends, took a 180-degree turn when she decided she needed to broaden her horizons. This reminds me of two important events that planted the little seed of curiosity in my being, making me wonder what was beyond the realms of my village and my family. The first one took place when I was about five: my uncle came home from school telling how one of his classmates was leaving for the U.S. with a grant from the AFS (American Field Service), and that he would live with an American family. I remember clearly what I told them: "Someday, when I grow up, I will also go on that program." Everyone laughed and went on with the grown up conversation. Time passed and I forgot about that moment. The second came later, in my first year in high school. Ms. Gladys de Duarte, my social studies teacher, showed us some photos of Mount Rushmore, and I told myself: "I am going to go there."

Although it was not until three years later that Mr. Javier Cortés, a very dear family friend, and a man whose wisdom I admired, brought the news that students interested in participating in the AFS exchange were being recruited. At that moment I recalled my childhood wish. I was thrilled thinking that my dreams could become a reality. I ran to tell my mother, but she wasn't as excited and told me it would be very difficult for me to be accepted into the program. By then, I was determined to do anything necessary to earn one of the grants. It was a long year of sending papers back and forth. At home, no one seemed interested in what I was doing. I think it was due to my father's recent dead and my mom could not bring herself to give me the support I needed at the time, but I would not give up. I was set to achieve my goal by any means necessary.

I remember it as if it was yesterday, one afternoon, around six, the phone rang; it was someone from AFS calling to inform me the names of the first ten people who would be travelling to the U.S. for a year, and that I was among them! I felt like doing back flips, I was so overjoyed! At home, no one was happy. So, I went to visit a friend of my mom's who was very good to me, Ms. Victoria Velázquez. She was happy for me and she encouraged me greatly. I could not understand at the time why my mommy was not happy for me, and I did not notice that, from that moment on, she would suffer because of my departure. It was not until my return that I realized how much she loved me... she was so proud of me. Throughout the year, she made many sacrifices to be able to call me on the telephone twice a month (back then calls were very expensive). She sent me care packages with clothes and goodies, as well as letters and that gave me the strength to be away from home.

The following months were all about getting ready: I had to do it all by myself. That was the most difficult part for me because I was a very shy girl and everything either scared or embarrassed me. People had always done things for me, and that had spoiled me, in addition to the shyness. My mom told me "If you want to go, you are going to have to do everything by yourself." I was stubborn so, I did. I went to the capital city San José to get my passport. I had never been to San José by myself; to me it was an odyssey. I passed every test and even went alone to the U.S. embassy to get my visa. I saw some twenty young people with their mothers or fathers filling out the paperwork. When the consul asked me: "And you, who did you come with to complete the application?" I answered

very enthusiastically: "BY MYSELF because I come from Guanacaste and my mom couldn't come with me." She smiled and said
"Congratulations!" I was so proud of myself, being barely sixteen.

On August 12, I got on a plane with forty other "ticos" and
"ticas" along on the same exchange program. We landed at the JFK
Airport, where we were picked up and driven to New York University and we spent a week of training there. I will never forget all
the people from around the world that I met. Afterwards we were
sent to our final destinations with our new families. I arrived in
Sioux Falls, South Dakota, very excited and ready to learn English.
Of course, I was also scared to death thinking that I barely spoke
the language and my new family did not speak any Spanish. I lived
with a lovely family, the Wenigers. My new parents, Helen and
Robert, did not only open their home to me, but also their hearts,
they really treated me like a daughter. Every afternoon, after
picking me up from school, dad Weniger set himself to teaching
me ten new words at the Sunshine cafe. I didn't fraternize much
with Americans, I didn't feel very welcome among them. Until one
day, in the cafeteria, a girl came up to me and asked me: "Is it true
that you speak Spanish?" From then on, we were inseparable. She
was Myrna Cuevas, a young woman from Monterrey, Mexico. It
was a wonderful year, full of great experiences and lessons. When
the program ended, my parents Weniger gave me a trip to Mount
Rushmore, and thus, another dream came true for me.

The shy, fearful girl that left a small village called Santa Cruz,
returned a strong young woman ready to succeed in the world.
Everyone commented on how different I looked, and how my ac-
tions showed a more extroverted and mature young person. The
change was so that the principal of my school asked me to take
over the English classes of professor Hilda, who, because of her
husband's death, would not be able to work for the rest of the year.
The girl who left Santa Cruz would have never accepted to be a
student/teacher for four months, but the one who came back took
on the challenge. That experience changed my life forever.

The following year I attended the Universidad de Costa Rica, where I studied English as a Second Language. I had sworn to my mother that I would never leave again because I saw how affected she had been by my trip. Everyone told me how she cried every time she received my letters, but as the saying goes, "one proposes and God disposes." Life had other plans for me. I had recently completed my bachelor's degree and, like a gift from heaven, I had obtained a job teaching English in the experimental school of the Universidad de Costa Rica when one of my professors told me there was an opportunity to go to Reed College, in Portland, Oregon, where they were looking for a teaching assistant in Spanish. The bug that seemed to have been sleeping in me woke up. It began to tell me that I could come here for a year, "one year goes fast," I told myself. I indicated to Professor Miriam de García, who had been my mentor and counselor, that I was interested in the offer and I would get my application ready. What I did not know was how I was going to tell my mom. I thought I would call my sister-in-law and tell her what was happening. She told me: "Look, Mayela, traumas are personal. Perhaps you will give up on this trip in order not to upset your mother, but inside you will live with the doubt, the resentment, and the burden of what you didn't do because of her, and that would be worse." I thanked her for her advice and called my mom, ready to hear what she had to say. I told her: "Mom, they are giving me this opportunity to go to Portland for a year in order to improve my English," and she replied: "That's wonderful, my love; when will you be going?" I could not believe it. I was astonished, thinking that my mom didn't love me anymore and that she didn't care if I left. We, humans, are so weird.

Less than one month later I was flying to Portland. I was full of dreams. I was going to live in the Spanish House with six other students. At the house, my job was to make sure that everyone spoke Spanish and that we held different social and cultural activities. The five of us were very different, and for some magical reason we took to each other marvelously. I spent my time coming up with ideas so that we could be productive and take full advantage of the time at the house. I learned so many things from them, especially from Jaime Zapata, a young man who looked tough on the outside, but who was sweeter than honey. I had never met a Chicano. They were new to me, like many of the things I learned during that year at Reed.

It is too bad that I can't tell you at length about those very interesting stories. The college had four more houses and I became very good friends with the members of the French and German ones. We shared some activities and everything was like a dream. Perhaps what impacted me the most was being an assistant to Dr. Sharon Larish because I realized I knew a lot about English and U.S. literature, but nothing about Latin American letters. It was embarrassing! The first book I had to study in her class was *Pedro Páramo*, and I was as lost as a suitcase in an airport. I read it about four times and I could not understand what was going on the story. So I went to the library and read some articles about the book, everything begun to make more sense to me. From then on, I was in love with Latin American literature and I made an effort to learn more every day. At the same time, I began to study Spanish grammar with Dr. Robert Johnston because I could not conceive not being able to explain the difference between the preterit and the imperfect to the students at the Spanish Table. It seemed no one had taught that to me. I question how I have studied Chomski's grammar theory in Costa Rica yet not know anything about my own language structure.

At the start of the spring, Dr. Paul de Young told me it was unusual for a "language scholar" to be hired for two years, but since I was the first teaching assistant they ever had at the Spanish House, and since I had done such a spectacular job, they wanted to ask me to stay for another year. Quick as a flash, I said yes. After spending the summer with my family, I returned for another year. I also began to think that I would like to get a master's degree in the United States. I remembered that some three years earlier, at the school where I was completing my teacher training, I had met a woman from Cuba who lived in the United States. She was in Costa Rica that summer, on a Rockefeller grant at my school.

Truth be told, no one paid much attention to that lady, so I decided to make her feel better. In the end, she gave me a card from the University of West Virginia and told me: "Look, if you ever want to do a master's, write to Robert Elkins and tell him I recommended you." I looked for the card, and, magically, it was still in my address book. I sent a letter expressing my wish to study there and he answered right away saying that "the fact that I was recommended by Ms. White and that I had been at Reed College made me an exceptional candidate." I immediately sent the paperwork. I finished my second year as teaching assistant and by August of that year I was in Morgantown, West Virginia, beginning my master's in Latin American Literature.

Most Latin American students worked on their master's in TESL (Teacher of English as a Second Language). By then, I was fully convinced that my life and my world were in Latin American literature. I had never enjoyed teaching and sharing my knowledge of culture and grammar with others as I did then. I had found my true calling. Thank God I chose Dr. Pablo González as my advisor and thesis director. This man was like a father to me. He gave me the opportunity to travel with him to Guanajuato, Mexico, on two consecutive years —which was also unusual— and fulfill another lifelong dream: to visit Mexico. As a child I had had a neighbor, Doña Marta, who was from Mexico and had married a Costa Rican doctor. I loved going to her home to hear her speak with that peculiar accent and, on top of that, get enchiladas and taquitos, which we didn't have in my village. The only Mexican restaurant "Antojitos" was in San José, and sometimes my mom and I ate there when we went to the capital. My experience as Dr. González's assistant gave me a chance to know many places in Mexico and to soak in that beautiful culture. It also gave me experience to become, later on while working on my doctorate, a group director for students travelling to Querétaro, Mexico.

As I was preparing to finish my master's I was set on returning home; I felt tired and had turned down the two universities where I applied for my doctorate. However, one day, Dr. Johnston, who had moved and is currently working at Northern Arizona University, called me to offer me a position as "Visiting Lecturer" which I accepted thinking it would be a good opportunity to earn and save a little money before going back home. That year, Dr. González also called me several times to encourage me to continue with my doctorate. She kept telling me that a master's was not enough, and that I was very good at this job. I felt like it was my father, thru Dr. González, who was pushing me to continue because my dad had often said: "I want my daughter to get the highest degree she can achieve." So I called the University of Nebraska and spoke to the head of the department at the time, Dr. Harriet Turner, who assured me she would reinstate my application and I did not need to reapply. By March, once again she told me I was the best candidate that year and I would receive a special scholarship in addition to a regular grant. I was afraid that by that time my family was thinking I would not be going back to live in Costa Rica. Every time I was home for the summer or Christmas I said the same thing: "This is the last thing I am doing. I will come back as soon as it is done." My stay in Nebraska was very good and I finished my doctorate in four years. I went back to Northern Arizona University as a visiting professor and then I returned to Nebraska for three years as director of the basic Spanish program because Dr. Harriet Turner wanted to help me get my green card. After becoming a permanent resident I applied for work to several universities.

Colorado Mesa University is now the place where I work. It is a beautiful site, surrounded by mountains, and it does not have the inclement cold of Nebraska. Almost without noticing I have spent nine years here. When people ask me if I live in the United States I always say "I work in the United States and *I live* in Costa Rica." All this time, I have spent four months of a year in my native country and eight working here. Sometimes it's a bit hard because I miss my family, but I love what I do and all the wonderful opportunities life has granted me.

In the end, my three childhood dreams: being an AFS student, seeing Mount Rushmore, and visiting Mexico, have come true thanks to the tenacity that has characterized my life and to the mother God gave me. She taught me that in life we must work for what we want. She gave me the freedom to grow and make my own decisions. My life has been divided between two nations, two languages and two groups of people. My life is a duality that sometimes gets complicated, but I would not trade it for anything, it's the life I have chosen to live. Thanks to thousands of people, especially my family, who have been an essential part of my life.

# Seguimos viviendo

## Amalia Barreiro Gensman

*Para quienes han sentido en carne viva lo que es la maldad y la violencia,*
*he aquí un intento de consuelo...*

Ante la malicia hay incertidumbre,
furia, rabia, enojo y el corazón se hunde.
Y el dolor nos sube hasta flor de piel,
y la sangre hierve pues lo está sintiendo.
　　Mas, poquito a poco seguimos viviendo

Miramos al Cielo y en el desconsuelo,
a Él le gritamos ¿cómo lo permites?
Y lloramos tanto a puños cerrados;
y no concebimos que haya tantos malos.
　　Mas, poquito a poco, seguimos viviendo.

Y en nuestra impotencia no hallamos sosiego.
Y pasamos días de gran sufrimiento.
Y nos percatamos de lo que hay adentro.
Y a veces, el alma se va deprimiendo.
　　Mas, muy poco a poco seguimos viviendo.

Y el tiempo se pasa para adormecernos;
buscamos, sentimos, cambiamos de ritmo.
Y pasamos noches de vela en silencio,
largas noches tristes, de mil pensamientos.
　　Mas, muy poco a poco, seguimos viviendo.

Mas, como sombras que surgen a momentos,
recuerdos felices que nos traen consuelo.
Y llegarán días en que no pensemos,

en que a la rutina la usemos de ungüento.
   Y ya, poco a poco seguimos viviendo.

Tal vez no mañana o por mucho tiempo,
un día sin saberlo llegará el momento
en el que encontremos calma en el silencio;
y nos acerquemos al Poder Eterno.
   Y ya, poco a poco seguimos viviendo

Y cuando dejemos que Dios se haga cargo,
que Él haga justicia, que Él se encargue de ellos;
y nos deshagamos del resentimiento.
Tendremos la paz que llenará el cuerpo.
   Y así, poco a poco seguimos viviendo.

Mas, cuando de nuevo este horror ocurre,
El dolor despierta, el corazón gime
y se unifica al que está sufriendo.
Y al darle consuelo siempre le asegura
que pasado el tiempo, este sufrimiento
se anida en el pecho y se vuelve tierno.
   Y así, poco a poco seguimos viviendo.

# We Go on Living

## Amalia Barreiro Gensman

*This is written as a means to comfort those who have experienced the effects of wickedness and violence in their own life...*

When we encounter malice we feel so uncertain,
angry, furious, hurt, and our heart sinks.
And we let the pain rush on to the skin.
Our insides boil for what's felt within.
   Yet, ever so little we just keep on living.

We look up to Haven and in our lament;
we shout to the Almighty, we ask so perplex:
How can you allow it? And we shake our fists.
We cannot conceive that there's so much evil.
   Yet, little by little we just keep on living.

As we feel so helpless, we just can't find rest.
And we suffered pain for days on end.
We become aware of what is inside
and we let our soul become so depress.
   Yet, little by little we just keep on living.

And time passes on, so as to sedate us.
We search for new feelings, we change our routines
and we spend long nights listening to silence;
sad and lonely nights that are filled with anguish.
   As little by little we continue living.

And just like a shadow, good memories creep.
Some good, happy memories that bring us relieve.
And there will be days in which we won't think.

*Déjame que te cuente...*

And we let routine work in like an unguent.
   As little by little we continue living.

Perhaps no tomorrow or for a long time,
one day, without noticing, the moment arrives.
And we will find comfort within our stillness.
Then, we will get closer to the Eternal Being.
   As little by little we continue living

As we let God care of this our turmoil.
Let Him be the judge. Let Him be the guide.
He will set us free from our resentment.
We will feel the peace that reaches the soul.
   As little by little we will go on living

But, when we learn of another's sorrow;
the hurt, how awakens! And, our heart aches.
So, it becomes as one with the ones that ache.
And we give them comfort as we assure them
that in given time, this pain that they bear
will room in their chest as a tender nest.
   So little by little we will go on living.

# Me fui con la música a otra parte

Esther Villarino Kahn

*Barcelona*

Nací y me crié en la ciudad de Barcelona. Barcelona es una ciudad preciosa con unos edificios bellísimos y al lado de la playa con su olor del mar Mediterráneo. Mi Barcelona querida, un paraíso de luz y color, de olores a mar. Y una profunda oscuridad, desesperación para los que no tienen recursos. En su canción *Barcelona i Jo* nos canta el famoso cantante Serrat en su catalán nativo.

*Barcelona i Jo*

Mil perfums i mil colors.
Mil cares té Barcelona.
La que en Cerdà somnià,
la que va esguerrar en Porcioles,

la que devoren les rates,
la que volen els coloms,
la que es remulla a la platja,
la que s'enfila als turons,

la que per Sant Joan es crema,
la que compta per dansar,
la que se'm gira d'esquena
i la que em dóna la mà.

### Barcelona y yo

Mil perfumes y mil colores.
Barcelona tiene mil caras.
La que soñó Cerdà,
la que destrozó Porcioles,

la que devoran las ratas,
la que sobrevuelan las palomas,
la que remoja la playa,
la que se asoma en las colinas,

la que se quema para San Juan,
la que cuenta para danzar,
la que me da la espalda
la que me da la mano.

Nací en esa Barcelona de mil caras. La que te da la espalda y a la vez te da la mano. La que tiene luz y olor y oscuridad y desesperación. Me pusieron de nombre Esther y soy la cuarta de seis hermanos. Éramos una familia de clase media y aunque no nos faltaba nada, tampoco nos sobraba.

Gobernaba el régimen franquista en España. Durante la dictadura, Franco impuso todo tipo de reformas de política familiar. Lo hizo para "fortalecer" la familia tradicional. Su intención era promocionar el patriarcado y la unidad de España, dando ayuda financiera para las parejas casadas, los beneficios para las esposas que no trabajan fuera del hogar, las prestaciones de maternidad, ayudas económicas para los hijos y los premios de natalidad para recompensar a las familias numerosas. Todo esto lo hacía para reforzar la idea de que las mujeres casadas estaban subordinadas a los hombres y el lugar de la mujer estaba en la casa. Su política discriminaba fuertemente contra las mujeres casadas. Imponía estrictas normas de pocas oportunidades para las mujeres a seguir carreras profesionales, mientras que celebraba y recompensaba su papel como madres y esposas. Durante el gobierno de Franco, la legislación española prohibió a las mujeres casadas participar en casi todas las formas de oportunidades económicas, como el empleo, la propiedad de bienes e incluso de viaje, a menos que tuvieran el consentimiento de sus maridos.

La vida de mi madre estuvo regida por estas leyes que discriminaban a la mujer casada. Ella tenía como profesión sus labores domésticas. Quizá yo nací gracias a la política de Franco y ella siempre me contaba que su gobierno favorecía a las familias numerosas. Con cuatro hijos o más ya se consideraban numerosas y cuando una familia tenía el cuarto hijo, el gobierno le regalaba una nevera. Así que vine al mundo durante el régimen de Franco con una nevera bajo el brazo.

Otro de los objetivos de Franco era unificar España y para eso debía prohibir las diferencias culturales y lingüísticas entre las diferentes regiones del país. Cataluña es una región bilingüe de España, Barcelona es su capital. En Cataluña se habla el catalán como lengua original de la región y el castellano como lengua del estado español. Durante la Dictadura de Franco las lenguas regionales de España fueron prohibidas y fue impuesto el castellano como lengua del estado. Así que crecí en los años sesenta con una fuerte represión de mi lengua materna, el catalán. En mi familia éramos bilingües, hablaba catalán con mi madre y castellano con mi padre. Pero recuerdo salir a la calle y que me dijeran "no hables en catalán aquí" y yo dominaba las dos lenguas pero no sabía cuál era la diferencia entre la una y la otra, y por qué estaba prohibido hablar una en sitios específicos.

En 1975 con la muerte de Franco, las demás lenguas del estado español pasaron a ser lenguas oficiales con el castellano y volvieron a ser enseñadas en los colegios. Los letreros de las calles cambiaron y volvieron a ser en catalán con el nombre anterior a la dictadura. Así la "Avenida Generalísimo Franco" pasó a ser "Gran Vía de Les Corts Catalanas". Mi familia, como muchos otros catalanes, pasó a apoyar frenéticamente el catalán y resentir el castellano. Crecí entre dos mundos en una región bilingüe; aunque nunca me consideré ni de un lado ni de otro. Con el tiempo muchos colegios adoptaron una enseñanza prácticamente en catalán y abandonaron el castellano. Más adelante, cuando he llevado a mi hija y a mi marido a Barcelona, algunos se han rehusado a hablarles en castellano, prefieren hablar en inglés antes que en castellano.

En estas condiciones el movimiento feminista pasó la época de mi madre. Ella hizo el servicio social y se dedicó a sus labores: sus estudios fueron coser, cocinar, ser refinada. Mi madre nos enseñó los valores que ella observaba en su época. En casa las niñas teníamos que ayudar en casa y los niños no, ellos hacían "cosas de hombres". La educación era cosa de hombres, así pues mis dos hermanos fueron a un colegio privado para que tuvieran una buena educación porque su futuro sería mantener una familia. En cambio, yo fui a la escuela pública al lado de casa porque mi futuro era casarme y criar hijos, no era importante mi educación. Las mujeres se educaban para ser buenas esposas y madres aunque siempre hubo otra opción en España para las mujeres, la de hacerse monja.

Mi hermana mayor se hizo religiosa y a los diecisiete años entró en el convento de novicia. Nosotros nunca fuimos muy religiosos pero sí conservadores. Mi madre tuvo un gran disgusto del que nunca se recuperó porque jamás entendió esta opción de mi hermana. Siempre la rechazó. Yo tampoco lo entendí mucho en el momento pero con el tiempo comprendí su decisión: leí a Sor Juana en la universidad, mientras que mi madre nunca pudo leer a Sor Juana.

Más adelante mi hermana ha sido un modelo de mujer fuerte, fue a África a ser misionera y estuvo allí veinte años. Después volvió a España y ahora organiza a voluntarios para ayudar a la comunidad inmigrante en España. No la vi todos esos años, ella se fue primero y después me fui yo y nunca coincidíamos: cuando ella iba de vacaciones a España yo no estaba y viceversa. A pesar de los muy diferentes caminos a los que nos ha llevado la vida cuando nos volvimos a ver nos hicimos grandes amigas. Desgraciadamente el motivo por el que nos acompañamos y estuvimos juntas muchos días fue el funeral de mi madre y más adelante el de mi padre.

Al terminar mi educación secundaria estudié turismo en Barcelona, pero en la España de los ochenta no había oportunidades para una españolita media como yo, además para trabajar con el turismo hace falta hablar bien el inglés. Quería encontrar un trabajo e independizarme, quería viajar y vivir mi vida, así que tenía que aprender esa lengua. Entonces decidí marcharme a Inglaterra y como no tenía dinero para mantenerme por mi cuenta me fui de *Au Pair*, un acuerdo en el cual una debe cuidar a los niños y ayudar en la casa de una familia inglesa y a cambio de eso se le proporciona alojamiento, comida y un salario mínimo.

Mis padres estaban horrorizados porque una señorita no podía marcharse a Londres a hacer de "chacha", de sirvienta, ¡qué vergüenza, qué dirán! Fui otra hija que le daba un gran disgusto a la madre al no seguir los cánones establecidos para las mujeres. Una señorita de buenos modales debe quedarse en casa y mantener las apariencias, siempre ir bien vestida, arreglada, sonreír y dar gracias por lo que se tiene. Nunca se debe confrontar lo establecido, aunque no se tenga dinero, posibilidades, trabajo, ni futuro. Una debe seguir con su familia hasta que encuentra marido... si lo encuentra. La posibilidad de independizarse como mujer sola no entraba en los pensamientos de mi madre, pero los intereses y la felicidad de su hija no era tan importantes como las apariencias de la familia. Comprendí que mi madre pensaba así porque no había conocido nunca otra manera de pensar. Quién sabe lo que habría sido mi madre si hubiera estado expuesta al feminismo, quizá una gran artista, empresaria, escritora, diplomática. Mi madre tenía gran talento, mucha energía y enorme dedicación pero no posibilidades de desarrollarlos.

### Londres

Sin dinero y con la oposición familiar me marché a Londres. Allí empezó la segunda etapa de mi vida y fue el comienzo de mi autoexilio. En Londres no tuve suerte con las familias de *Au Pair*. Aprendí lo que era discriminación, malos tratos, explotación, constantes burlas por no hablar bien inglés, por ser española. Experimenté lo que era que trataran mejor al perro que a mí: supe lo que era ser inmigrante.

Al final me fui a vivir por mi cuenta, alquilé una habitación de una señora italiana, Carmen, que me trató estupendamente. Carmen había llegado a Londres después de la Segunda Guerra Mundial cuando todavía no existía la Unión Europea. Por una temporada no tuvo papeles y tuvo que trabajar muy duro. "La historia siempre se repite" me decía mientras me enseñaba a hacer pizza. Además de ella hice muchísimos amigos de todas las nacionalidades: polacos, rusos, jamaiquinos, nigerianos, colombianos, argentinos, indios, paquistaníes, mexicanos, estadounidenses, irlandeses... y todos ellos me enseñaron una cara diferente de Londres.

Trabajé limpiando casas, hoteles y hasta un hospital cerca de Wembley Stadium en Londres; sirviendo desayunos en un hotel Durrant St. al lado de Oxford Street y cerca de donde supuestamente investigaba Sherlok Holmes. Trabajé en McDonald's de Earls Court, no muy lejos del Parlamento Británico. También tuve un trabajo en la City of London sirviendo almuerzos a los banqueros. En todos estos trabajos casi no había ingleses porque mis compañeros eran de todas partes del mundo excepto de Inglaterra. Cuando una está en una tierra extraña y percibe el rechazo de los nativos, se crean unos lazos muy fuertes entre los no nativos.

Aprendí inglés y entre mis amigos había un neoyorquino viviendo en Londres. Él se convertiría más tarde en mi marido y con el tiempo nos fuimos a vivir a Nueva York. Mi neoyorkino era una persona encantadora pero muy diferente a mí. Michael era de religión judía y de Nueva York, me hablaba de cosas que yo no entendía y que desconocía por completo.

### Nueva York

Llegué al Aeropuerto Kennedy el 23 de enero con una visa de tres meses para casarme. Me casé por lo civil el día de San Patricio en el City Hall de Nueva York. San Patricio, el patrón de Nueva

York y de los irlandeses, bendeciría nuestro matrimonio plurirreligioso y multicultural. Mi marido y yo no practicamos ninguna religión, pero yo como católica y él como neoyorkino, disfrutamos de la coincidencia de la celebración de San Patricio: cada año festejamos con flores verdes.

En Nueva York me tocó aprenderlo otra vez todo. Hablaba inglés pero tuve que modificarlo al estilo americano. Adaptarme fue muy difícil aunque no tuve la necesidad económica de sobrevivencia que había tenido antes en Londres como mi marido me mantenía ya no tenía que luchar por sobrevivir económicamente. Él me quería pero no comprendía mis problemas para adaptarme, ni mi confusión de culturas, así que en mis primeros años en Nueva York mi sobrevivencia fue más bien psicológica: todo mi mundo se había vuelto al revés, todos los valores que tenía que conocía eran distintos. Además de la adaptación a los EE.UU, me tenía que adaptar a los subgrupos locales, a Nueva York y específicamente a la comunidad y a la familia judía de mi marido.

Su familia se opuso a nuestro matrimonio por la diferencia de religión. Era incomprensible para mí que a pesar de que no fueran ellos religiosos, sí fueran muy tradicionalistas con los valores de su religión y su cultura. Todo era una situación nueva para mí que no podía asimilar. La incomprensión de la ciudad y mi familia política me llevó a una crisis, al grado de que tuve que ver a un psicólogo, el cual me ayudó de alguna manera, pero como no tenía experiencia en el multiculturalismo, no podía entenderme en este aspecto. Llegué a pensar en dejar Nueva York y a mi marido y volver a mi vida anterior, donde me esperaba una vida dura pero con sentido.

Entonces se dio la casualidad de que cuando vivía en Queens encontré un anuncio en el periódico en el que pedían profesores de español y envié mi curriculum vitae. Me llamaron y empecé a trabajar en Inlingua. Ahí conocí a mucha gente de diferentes nacionalidades y me di cuenta de que había posibilidad de tener una carrera enseñando español. El conocer a otra gente me empezó a ayudar a sentirme mejor. Una de mis estudiantes trabajaba en el piso 55 de una de las malogradas Torres Gemelas.

Mi familia en Barcelona se horrorizó de que enseñara español, la lengua del enemigo y me consideraron una traidora. Para mí todo era una gran confusión de identidad y de valores.

Siguiendo los consejos de algunos compañeros de trabajo me matriculé en La Guardia Community College donde tomé algunas clases y me convalidaron otras. La universidad me ayudó muchísimo, allí conocí a muchos como yo: de todas partes y de ninguna. Aprendí también que a los neoyorkinos tradicionales no les gusta mezclarse con "los recién salidos del barco" como dicen allí. En cambio yo sí me sentía muy bien con todos los otros que acababan de bajar del barco, me explicaron todo tipo de historias de rechazo y solidaridad, vi que no era la única: me ayudaron más que mi psicólogo.

En La Guardia Community College, mientras hacía cola para apuntarme para una clase, me habló Susan, una chica de color, me preguntó en español con acento madrileño si era española, le dije que de Barcelona. Susan me había reconocido en una cola larguísima de gente... Susan era de Guinea Ecuatorial y había crecido en Madrid. Nunca nadie en todo Nueva York me había reconocido como española. Nunca yo hubiese reconocido a Susan como española. Nueva York tenía mucho que enseñarme todavía...

Nos hicimos íntimas amigas y después de conocerla jamás volví a sentir pena por mí misma a causa de mi difícil adaptación a Londres o a Nueva York, Susan había crecido como una minoría discriminada en España y había sido siempre la rara en las calles de Madrid, ahora era una minoría discriminada en EE.UU, sólo cambiaba el lugar y la lengua.

Años después nació mi hija, con ella aprendí a ser madre y entonces comprendí a mi madre y sus circunstancias. Sonia es una adolescente brillante, inteligente, decidida, trabajadora. Ha estudiado sobre el feminismo y ha crecido en la multiculturalidad: sé que tiene un futuro prometedor. Quiere estudiar relaciones internacionales en la universidad y quiere ir a vivir al extranjero. Habría sido bonito que su abuela la pudiera ver.

## Washington, DC

Con el tiempo fuimos a vivir al área metropolitana de Washington donde terminé mi maestría en español y he dado clases en diferentes universidades en esta área. Mis alumnos y mis amigos son de todas partes del mundo, razas, religiones, edades, clases sociales, etc. Finalmente me adapté a los EE.UU porque todas las personas que forman el mosaico que es este país me mostraron el camino. Llegué a comprender la vida y las diferentes comunidades que aquí radican. Quizá no del todo, quizá me falte mucho por aprender, pero estoy ilusionada por seguir aprendiendo cada día.

En Washington he trabajado para universidades con un gran número de minorías. Me alegro de poder ser un modelo y una ayuda para todos estos americanos que por raza, religión, por ser recién arribados al país, por género u otra razón, no son tratados como los otros "americanos".

Un día, el Museo de Lenguas en Maryland me invitó a hacer una presentación sobre mi lengua materna, el catalán. Allí quedó mi presentación grabada con mis experiencias sobre esta lengua minoritaria para que la conozca todo el mundo. Mi lengua materna, mi granito de arena, en la gigante Torre de Babel de la diversidad lingüística en el mundo.

Mi objetivo al marcharme de mi ciudad natal era conocer más del mundo. Ha sido y sigue siendo dificilísimo comprender este universo tan complicado: las diferentes culturas y lenguas son como un gigante rompecabezas con miles de piezas. He aprendido muchísimo de cada uno de los compañeros que he conocido en mis viajes, sigo completando el rompecabezas. Quizá lo que mejor sé hacer es añadir piezas nuevas cada día, sin olvidarme de las que ya he puesto. Estoy muy agradecida por todas las oportunidades que he tenido en mi vida... y soy consciente de que otras mujeres de generaciones anteriores nunca las tuvieron.

# I Went with the Music Some Place Else

Esther Villarino Kahn

*Barcelona*

I was born and raised in the city of Barcelona. Barcelona is a wonderful city with beautiful buildings, located by the sea, with the smell of the Mediterranean. So said the author and singer Joan Manuel Serrat in his famous song. My dear Barcelona, a paradise of light and color, smells of sea; Barcelona with deep darkness and despair for those who have no resources. Serrat says in his native Catalan:

### Barcelona i Jo

Mil perfums i mil colors.
Mil cares té Barcelona.
La que en Cerdà somnià,
la que va esguerrar en Porcioles,

la que devoren les rates,
la que volen els coloms,
la que es remulla a la platja,
la que s'enfila als turons,

la que per Sant Joan es crema,
la que compta per dansar,
la que se'm gira d'esquena
i la que em dóna la mà.

*Déjame que te cuente...*

### Barcelona and I

A thousand perfumes and a thousand colors.
Barcelona has a thousand faces.
The one which Cerdà dreamt,
the one that Porcioles destroyed,

the one that the rats devour,
the one with flying pigeons,
the one by the beach,
the one up on the hills,

the one that burns during St. John's Day,
the one ready to dance.
the one that turns her back on you;
the one that gives you a hand.

I was born in the Barcelona of the thousand faces. The one that lends you a hand and turns her back on you. The colorful and dark Barcelona. They named me Esther and I became the fourth of six children. We were a middle class family; we lacked nothing but we did not have any luxuries. When I was born the Franco regime ruled Spain.

During the Franco dictatorship, we experienced the imposition of all kinds of family policy reforms. This meant to "strengthen" the traditional family unit. His intention was to promote the Patriarchate for the unity of Spain. He applied these policies by giving financial support to married couples. The government granted benefits to wives who did not work outside the home: maternity benefits, financial aid for children, and birth prizes as rewards to families. These children benefits and the salary of family allowance were made to reinforce the idea that married women were subordinate to men and that a woman's place was at home.

Franco's policy strongly discriminated against married women. It imposed strict rules to prevent opportunities for women to follow a career. At the same time, it celebrated and rewarded their role as mothers and wives. During the Government of Franco, Spanish law prohibited married women to participate in almost all forms of economic opportunities, including employment, ownership of property and travel by themselves, unless they had the consent of their husbands.

My mother's life was governed by this law and her profession was "her chores." Perhaps I was born thanks to Franco's policies. My mother always told me that the Franco Government favored large families which with four children or more were considered to be numerous. During the Franco regime when a family had the fourth child, the Government gave a fridge to the family. This way I came into the world during Franco's regime with a fridge under my arm.

Another objective of the Franco dictatorship was to unify Spain. It prohibited cultural and linguistic diversity between the different regions of Spain. Catalonia is a bilingual region, its capital is Barcelona. The Catalan language is original of the region. During Franco's dictatorship the regional languages of Spain were banned and Spanish was the only language of the State. I grew up in the 1960's with a strong repression of my mother tongue, Catalan. In my family, we were bilingual. I spoke Catalan with my mother and Spanish with my father, but I remember being told not to speak Catalan outside home. I mastered both languages but didn't know the difference between one and the other, and why one was restricted in certain situations.

In 1975 with the death of Franco, all other languages of the Spanish State became official and they were taught in schools. Streets signs changed, they were written in Catalan with the names used prior to the dictatorship: The "Avenida Generalísimo Franco" was changed back to "Gran Vía of Les Corts Catalanes." My family and many other Catalans started to support Catalan language frantically; they resented the Spanish language. So, I grew up between two worlds in a bilingual region; although, I never thought of myself as belonging to one side or the other. Over time, many schools went back to teaching all subjects in Catalan and left Spanish practically as a second language. When I take my

American daughter and my husband to Barcelona some people refuse to speak to them in Spanish, they rather speak to them in English than in Spanish.

The feminist movement by passed my mother's life, therefore, my mother completed the social service for women. In her days, women learned how to sew, cook and be refined ladies... My mother taught us the values that she acquired in her time. At home, the girls had to help with the chores and the boys did not. Education was a man thing, so my two brothers went to a private school in order to receive a good education because their future would be to support a family, but I was sent to the public school next door because my future was to marry and raise children, my education was not so important. Women were educated to be good wives and mothers. In Spain, there was always another option for women: to become a nun.

My older sister became a nun at the age of seventeen; she entered the convent as a novice. We were never very religious but we were conservative. My mother disliked my sister's decision and she never accepted it, she never understood my sister's resolution. At first, I did not understand her either, but over time I did: I read Sor Juana's poems in college while my mother never read them. My sister has been a strong model for women. She went to Africa to be a missionary and stayed there for twenty years. She then returned to Spain and now organizes volunteers to help the community of immigrants in Spain. I did not see my sister all those years. She was in Africa when I was in America. Despite our very different paths in life, when we were reunited, we became great friends. Unfortunately, the occasions in which we spent time together were during the funeral of my mother and of my father.

After I completed my secondary education, I studied tourism in Barcelona, but in the Spain of the 1980's there were no opportunities for an "españolita" like me, in addition to having a degree in tourism I needed to speak English well. I wanted to find a job and become independent. If I wanted to travel and to live my life independently, I had to learn the language.

I decided to leave for England to learn English, but I did not have money to support myself. Therefore, I went as an *Au Pair*: an agreement in which one must take care of an English family's children and assist in the home. In return, they provide accommodations and food, together with a minimum wage.

My parents were horrified: a young lady could not go away to be a 'chacha', a servant in London. To them, it was shameful and they worried about what will "they" say. Another daughter became a disappointment to my mother because I was not following the canons established for women. A young lady should stay at home and keep up appearances, always well dressed, with makeup and a smile; she should give thanks for what she had. Never must she confront what is established even if she lacks money, opportunities, work or future. A woman must remain with the family until she finds a husband... if she finds one. The possibility of independence for a single woman did not fit in my mother's thoughts. Her daughter's happiness was not as important as the reputation of the family and I realized that my mother considered it so because she had never known any another way of thinking. She had to do the same. Hard to know who might had become had she been exposed to the feminist ideas and opportunities of our time; perhaps a great artist, entrepreneur, writer or a diplomat. My mother had great talent, plenty of energy and dedication, but she did not have the opportunity to develop them.

### London

Without money and with my family's opposition I left for London. There, I began the second phase of my life. It was the start of my life in auto exile. I had no luck with the *Au Pair* families. There, I learned what it was to experience discrimination, bad-treatment, exploitation and constant ridicule for not speaking English. I experienced what it was like when they treated the dog better than me. I learned what it was to be an immigrant.

At the end, I went to live on my own; I rented a room from

an Italian lady, Carmen, who treated me wonderfully. Carmen had arrived in London after World War II when there was still no European Union. She had no papers for a while, and she had to work very hard. "History always repeats itself" —she used to tell me while teaching me how to make pizza. In addition, I made many friends of all nationalities: Poles, Russians, Jamaicans, Nigerians, Colombians, Argentines, Indians, Pakistanis, Mexicans, Americans, Irish... All my friends showed me the different faces of London.

I worked cleaning houses, hotels, and a hospital close to Wembley Stadium in London. I also worked serving breakfast at a hotel in Durrant Street, next to Oxford Street and close to where Sherlock Holmes supposedly conducted his investigations. I worked at the Earls Court McDonald's not too far away from the British Parliament. I also had a job with the City of London bankers serving them lunch. In all those jobs, there were almost no English people. All my colleagues were from all over the world. When one is in a strange land and perceives the rejection of the natives, one creates very strong ties among the non-natives. The main thing: I did learn English.

One of these friends was a New Yorker living in London, who later became my husband. In due time, we went to live in New York. My New Yorker was a charming but very different person than me. Michael was a Jew and he talked to me about a New York that I did not understand.

### New York City

I arrived at Kennedy Airport on the 23rd of January with a three-month visa so I could get married. We got married on St. Patrick's Day at City Hall in New York City. Saint Patrick is the patron of New York and of the Irish; he blessed our mix marriage. My husband and I do not practice our respective religions, but we enjoyed the coincidence of getting married on this special day. Each March 17th. we celebrate our anniversary with green flowers.

In New York I had to learn all over again. I spoke English but I had to modify it to American English. Adjusting to this new place was very difficult; however, I had no financial need for survival as I did before in London. My husband supported me and I did not have to fight for economic survival. My early years in New York were more a struggle to survive psychologically: my whole world had turned upside down because the values I had known were different. In addition to adaptation to the US, I had to adapt to local subgroups, to New York and specifically to the Jewish community with my husband's Jewish family. They objected to our marriage because of the differences of religion. It was incomprehensible because to me they were not religious, yet they would oppose our marriage. Everything was new for me and I could not assimilate. The misunderstanding of the city, and of my in-laws, brought me into a crisis. I had to go to a psychologist who helped me at certain extent, but who had no experience in multiculturalism and could not understand my situation in this regard. For a while, I thought of leaving New York, leaving my husband and return to my former life. My old life was hard but everything there made sense.

I had the fortune that when I lived in Queens I saw a newspaper ad asking for Spanish teachers and I sent my résumé. They called me and I started teaching at Inlingua. At work, I met many people of different nationalities and I saw that there was a possibility for a teaching career in Spanish. One of my first students was an executive who worked on the 55th. floor of one of the ill-fated Twin Towers.

My family was horrified again: a Barcelonan teaching Spanish, the "language of the enemy." "You're a traitor," they said... but for me it was a greater confusion of identity and values.

Following the advice of some colleagues, I enrolled at La Guardia Community College to take some classes and get a teaching degree. Being a student at the university helped me a lot. There I met many others like me, from all parts of the world and in different situations. I also learned that New Yorkers do not like mixing traditional with the "fresh from the boat immigrants," as they are called. The Community College had almost no native New Yorkers.

One day, while I was waiting to register for a class at La Guardia Community College I met Susan, a black girl; she asked me if I was from Spain, her accent was from Madrid. I told her that I was from Barcelona. Susan had recognized me in a long line of people... She was from Equatorial Guinea and had grown up in Madrid. No one in all New York had ever recognized me as a Spaniard and I would have never recognized Susan as a Spaniard, either. New York had still a lot to teach me...

We became intimate friends and after meeting her, I never again complained about my difficulties in adapting to London or to New York. Susan had grown up as a discriminated minority in Spain. She had always been the different one on the streets of Madrid. She was now a minority discriminated against in the United States. The only changed was in style and language.

Later on, my daughter was born and with her I learned to be a mother, I also understood my mother and her circumstances. Sonia is now a teenager. She is intelligent, determined and hardworking. She has been studying about feminism and has grown in a multicultural society. My daughter has a promising future. She wants to study international relations and live abroad. It would have been nice had her grandmother had a chance to meet her.

### Washington, DC

Eventually, I came to live in the Washington metropolitan area where I finished my master's in Spanish. Since then, I have taught at several universities in this area. My students come from all over the world, from all races, religions, ages, social classes, etc. I am finally adapted to the United States, all these people who form the mosaic of this country showed me the way. I came to understand life and the different communities in this country. I still have much to learn and I am always excited at my every day learning.

In Washington, I worked for universities with a large number of minorities. I am glad to serve as a model and being able to help all of those that because of race, religion, gender, newness to the country, or any other reason are not treated as the "regular" Americans.

The Museum of Languages in Maryland invited me to do a presentation on my mother tongue: Catalan. Recorded there is my presentation explaining my experiences speaking this minority language. There stays, my little grain of sand in the giant Tower of Babel of linguistic diversity in the world.

When I left my hometown my two goals were to become independent and to see the world. It has been and continues to be very difficult to understand this complicated world. Different cultures and languages are like a giant jigsaw puzzle with thousands of parts. I have learned a lot from all the colleagues I have met in my travels; I am still completing the puzzle. Perhaps what I do best is to add new parts without forgetting the first pieces I have already placed. I am very grateful for all the opportunities in my life time... I am aware that other women in earlier generations never had them.

# Memorias de "Un Día sin Inmigrantes"

## Myriam Villalobos

*Esta historia no le pertenece a un individuo, es la historia de muchos...*

Recuerdo que cuando me pidieron compartir mi historia como una inmigrante chilena, la primera cosa que vino a mi mente fue una entrevista que di al diario de mi escuela hace algunos años atrás, después de la marcha en apoyo a los inmigrantes ilegales en Estados Unidos, "Un día sin inmigrantes" un primero de mayo. Recuerdo vívidamente ese día primero de mayo, el día de los trabajadores (La celebración del día internacional del trabajador) como la figura del padre de Francisco Jiménez, tan bien descrita en *Cajas de Cartón* o la del padre de Sandra Cisneros, y muchos más.

Era un día frío, después de mucho debatir conmigo misma, pensando en mi hijo, mi pequeño, decidí ir. Era mi sexto año en Estados Unidos. Tenía miedo, debo confesar, ¡cómo no!, no sabía qué esperar. Había experimentado escapar de la policía en Santiago, en los tiempos de la dictadura chilena, conocía muy bien lo que era huir de la policía que venía detrás de nosotros, y el miedo al "guanaco", ese carro que tira agua para dispersar a los manifestantes. Nadie sabía de dónde venía esa agua, pero nadie quería saberlo tampoco. Solíamos decir: "¡Uf, uf, qué calor, un guanaco por favor!" ¡Miles de voces al mismo tiempo, miles de nosotros gritando por nuestra libertad! No sabía cómo iba a reaccionar a algo similar ahora en mis cuarentas, no quería correr, ¡claro! Me sentía un poco vieja para hacerlo.

Mi inglés era bastante deficiente, no estoy diciendo que haya mejorado mucho. Todavía no sé por qué estoy escribiendo en inglés, tal vez para probarme a mí misma que lo puedo hacer. Muchos de nosotros arribamos a la costa del "American Dream" sin saber inglés, pero traemos bajo nuestros brazos que somos alguien en nuestros nativos países, pero sin inglés parecemos que no somos nadie, que no tenemos identidad ¿Quién eres sino puedes decir quién eres? ¡Eres un cuerpo, uno diferente, tienes manos y ojos pero son diferentes!

Así es que en el nombre de los que son como yo, pero sin papeles, ¡decidí ir! Mi esposo me deseó suerte. Muchas de mis estudiantes no entendían por qué iba si era una residente legal, otras pensaban que era una maestra "cool", "bacán", "padre", "way", "chévere", otras me apoyaron sin decir nada. Mis colegas me sustituyeron para que ninguna de mis clases se cancelara. La jefe de mi departamento me apoyó, ¡todos ellos pensaban que el trato a los inmigrantes era injusto y con estas líneas quiero agradecérselos!

Recuerdo las preguntas de la joven periodista: ¿Qué sucedió en la marcha? ¿Era una atmósfera positiva o negativa? Mirándome con esos curiosos ojos, y yo comencé a contarle la historia de ese memorable día.

Fui con el contingente de Boston College, y nos encontramos en Cambridge con todos los representantes de todas las universidades de Boston. Marchamos desde Harvard Square al Boston Common, como puedes imaginar, era una larga caminata, pero con el espíritu de esos jóvenes estudiantes, con las banderas de colores que llevábamos para apoyar a los inmigrantes, nos servían para sobrepasar esa hostil presencia de la policía de Boston. Nosotros demostrábamos nuestro compromiso por lo que creíamos. Las personas que observaban la marcha nos mostraban su solidaridad, y muchos de ellos se sumaban a nosotros. Ya eran miles los que marchaban con nosotros cuando llegamos al Common, y era una experiencia que elevaba el espíritu.

Dígame más, los jóvenes ojos me miraban mientras escribía tan rápido como podía, así como mis pensamientos parecían explotar, dígame más acerca de su país, ¿de dónde es, por qué vino a los Estados Unidos?

Soy de Chile, le dije, y vine a los Estados Unidos casi seis años atrás. Aunque ya había venido como turista, ser una inmigrante es una experiencia totalmente diferente. La experiencia más impactante para mí fue cuando mi esposo me llevó a Ellis Island, un símbolo de la entrada a este país en el cual comenzaba una nueva vida. Todavía recuerdo las fotografías que mostraban la desesperación de los inmigrantes cuando los agentes pintaban una señal en sus abrigos en la espalda, indicaban si es que podían entrar al país o si debían ser forzados a regresar a sus países de origen. Hubo una fotografía que me impactó en particular que mostraba a un sacerdote quien abandonó su posibilidad de estar en este país porque dio su abrigo a un hombre, cuya familia había sido admitida pero él no, por el sacrificio del sacerdote ese hombre no fue separado de su familia y pudo estar aquí.

Esta experiencia, junto con el hecho de ver a cientos de miles de otras personas marchando alrededor del país, apelando por sus derechos, me inspiró a ir a la demostración del primero de mayo, para aportar con mi pequeño granito de arena al montón que iba creciendo, juntos sabíamos que podíamos producir un cambio. Como ciudadana de este planeta, siento que debo compartir la responsabilidad por el planeta en el que vivimos. Hoy día la lucha es por los derechos de los inmigrantes, así es que sentí que debía estar con ellos.

¿Cuál cree usted es el ideal del próximo paso para trabajar en este asunto? Aunque la legislación está procediendo en el Congreso, yo estoy de acuerdo con Carlos Fuentes, el conocido escritor mexicano que dijo que debemos recobrar el sentido de racionalidad, porque la ley está llena de irracionalidades. También estoy de acuerdo con los activistas de derechos humanos que insisten en que nosotros debemos estar más conscientes de los grandes asuntos que afectan a más de doce millones de inmigrantes ilegales que hay en este país. La educación tiene que estar presente en todos los niveles, nacionalmente, en los estados, en nuestras comunidades locales, ¡y aquí en nuestra escuela también! Además existe un componente internacional en este asunto, hay personas en México y Centroamérica que también están protestando por esta propuesta legal aquí en los Estados Unidos. Ojalá que todos estos elementos puedan confluir y llevarnos a una manera más civilizada de relacionarnos, no importa nuestra nacionalidad. Esto me parece mejor que construir una clase de "gran muralla" de alta tecnología que marque la frontera. Las murallas traen un falso sentido de seguridad para aquellos que las construyen, pero bien sabemos que las murallas no duran para siempre. La Muralla de Berlín bloqueó el movimiento por la libertad durante décadas, pero finalmente la gente tomó el poder y con sus propias manos la derrumbó pedazo a pedazo. ¿Por qué podríamos pensar que la nuestra no podría sufrir el mismo destino?

Siete años más tarde, mientras leo nuevamente esta entrevista, todavía pienso lo mismo, todavía estamos luchando por los mismos derechos, hoy día un poco más vieja y no estoy tan segura que podría correr, pero sí afirmo con seguridad que nuestra tarea todavía no ha terminado.

# There is not a Single Story:
## "Memories of the Day without Immigrants"

Myriam Villalobos

When I was asked to share my story as an immigrant from Chile, the first thing that came to my mind was an interview I gave to one of the school magazine's reporter, years ago, after the rally supporting illegal immigrants in the United States, "The Day Without Immigrants"on May 1st. I remember very clearly this first of May, the workers' holiday, (Labor Day Celebration) like the father figure Francisco Jimenez so well portrayed in *Cajas de Cartón* or the father of Sandra Cisneros, and of thousands more.

It was a cold morning, and after a lot of inner debate; of thinking about my son, my little one, I decided to go. It was my sixth year in the United States. I was a bit scared, I have to confess, because I did not know what to expect. I had experienced running from the police in Santiago, in the times of the Chilean dictatorship. I knew the feeling of having the police coming to get us and the fear for the "el guanaco," the mobile water cannon used to disperse the crowds. Nobody knew where that water came from, but no one wanted to know either! We used to say "¡Uf, uf, uf qué calor, un guanaco por favor!" (Oh, it's so hot, send the water cannon please!) Thousands upon thousands of voices, thousands upon thousands of us, shout for our freedom. I did not know how I would react to something similar now that I was in my forties. I did not want to run because I felt a bit old for that!

My English was very deficient, I am not saying that it has improved much, I don't even know why I am writing in English, perhaps to prove to myself that I can. Many of us reached the shores of the "American Dream" without knowledge of English, but we do have papers that show we were someone in our native countries. Without language, however, it seems you have no identity. Who are you if you cannot say who you are? You are a body, a different one, you are eyes and hands but different ones!

So, in the name of the many like me, but without papers, I decided to go! My husband wished me luck. Many of my students did not understand why I would go if I had legal residence, others thought I was a cool teacher, some of them agreed with me without saying anything. My colleagues covered my classes and the department chair also supported me; they believed this treatment of immigrants was not right! I now thank all of them!

I remember the young reporter questions: What happened at the rally? Was the atmosphere positive or negative? Looking at me with her curious eyes, and I began to tell the story of this memorable day.

I went with a contingent from Boston College, and we met in Cambridge with representatives from all the universities in the Boston area. We marched from Harvard Square to the Boston Common. As you can imagine, that was a long walk, but the spirit of the young students, the colorful flags they carried supporting the immigrants, helped us overcame the sometimes hostile show of force by the Boston police. We demonstrated our commitment to what we believed. People observing the march showed their solidarity, and many of them even joined us. Thousands of people were marching with us when we reached the Common, and it was a very uplifting experience.

Tell me more —the young eyes, writing as quick as she could, as my thoughts seemed to explode— tell me about your country, where are you from and when did you come to the United States?

I am from Chile, I said, and I came to the United States almost six years ago. Although I had come here earlier as a tourist, being an immigrant is a completely different experience. The harsh immigration struggle made a big impact on me when my husband brought me to Ellis Island, a symbol of the entry to the country where I am making my new life. I still remember the pictures showing the desperation of the immigrants as the agents painted a sign on their clothing, indicating whether they were allowed in or would be forced to return to their country of origin. There was one picture in particular that showed a priest who gave up his opportunity to stay in the United States. He gave his coat to another man whose family had been admitted while he had been rejected. Because of the priest's sacrifice, this man was not separated from his family and was able to stay here.

This experience at Ellis Island along with the hundreds of thousands of people on the streets all over the country demanding their human rights, inspired me to go to the demonstration on May 1st, to throw my single grain of sand onto the growing pile, to make a change all of us together. As a citizen of this planet, I feel we share a responsibility for the world where we live. That day, the struggle was for immigrant rights, and I felt an obligation to be there with them.

What do you see as the ideal next step in dealing with this issue? Although the legislation is moving forward in the Congress, I agree with Carlos Fuentes, the renowned Mexican author, who said that we have to recover our rationality because this law is full of irrational elements. I also agree with the human rights activists who insist that we must increase our awareness of the big issues that affect twelve million of immigrants in this country. This education has to take place at all levels, in the nation, in the states, in our local communities and here in our schools. There's an international component to this also, as people in Mexico and Central America have been protesting the proposed legislation here in the United States. Hopefully, all of these elements can come together and bring us to a more civilized way of relating with each other, regardless of our national origins. That sounds much better to me than building some kind of big, high-tech wall along the border. Walls offer a false sense of security to those who build them, but no wall lasts forever. The Berlin Wall blocked the free movement of people for decades, until they finally tore it down piece by piece with their own hands. Why do we think our border wall would not suffer a similar fate?

Seven years later, as I read this interview again, I still think the same way; we continue struggling for the same rights! I am much older now, I do not know if I will able to run, but I affirm with certainty that our task is not finished.

# Dichosa yo

### Cecilia Vázquez

Nací en la Ciudad de la Habana, Cuba y aunque viví en un apartamento muy modesto tuve la dicha de vivir un "poquito mejor" que la mayoría de mis amigas porque mi padre viajaba al extranjero gracias a su puesto en el Ministerio de Turismo. A pesar de que en sus viajes le pagaban una "dieta" o viático en dólares que no era gran cosa, siempre le alcanzaba para traernos algunos regalitos. Luego mi mamá también viajó en dos ocasiones porque sabía varios idiomas y aunque no era comunista, el gobierno la dejaba viajar representando a Cuba porque no había muchas personas en su trabajo, la Oficina Nacional de Invenciones, Información Técnica y Marcas, que tuvieran sus conocimientos.

En uno de sus viajes, mami y papi coincidieron y lograron cubrir sus gastos con la "dieta" de uno. El dinerito que reunieron nos sirvió entonces para mudarnos a un apartamento mejor en El Vedado. Claro está que eso era ilegal en Cuba, pero a la señora mayor dueña del apartamento no le importaba reducir su espacio ya que le venía muy bien ese dinero, por lo que hicimos la mudanza. Mi hermano mayor y yo dormíamos en un cuarto y mis padres en otro.

Cuando llegué a la edad universitaria, no obstante mis buenas calificaciones en el preuniversitario, no pude estudiar lo que realmente quería. El año que me correspondía iniciar mis estudios universitarios el gobierno no ofreció muchas plazas de psicología. El cupo era bastante limitado y si no me seleccionaban podía quedarme fuera, por lo que decidí estudiar economía, que tenía más de cien plazas abiertas; de esa forma iba a lo seguro y sería una profesional algún día. Durante cinco años estudié una carrera que no me gustaba, pero sabía que tenía que graduarme "para ser alguien en la vida". Era lo que escuchaba siempre desde niña y fue la educación que me inculcaron mis padres. En mi casa contar con un título universitario fue siempre una prioridad.

Cuando terminé la carrera tuve la dicha de enterarme a través de una buena amiga que el Consulado de México en Cuba estaba ofreciendo dos becas del Consejo Nacional de Ciencia y Tecnología (CONACYT) para estudiar una Maestría en Economía en el Centro de Investigación y Docencia Económicas (CIDE) en México. Por supuesto que esta noticia no fue anunciada públicamente; si así hubiera sido, todos los recién graduados de la universidad como yo se habrían presentado a los exámenes de admisión, así que nosotras fuimos de inmediato a presentarnos a los exámenes. Había dos becas y éramos solamente cinco estudiantes recién graduados. Al mes siguiente, el Consulado nos informó que mi amiga y yo nos habíamos ganado la beca y nos proporcionó una gran alegría pensar que podíamos salir de Cuba y comenzar una nueva vida.

Una vez en México, nuestros nuevos amigos de la maestría nos ayudaron mucho. No teníamos nada pero ellos buscaron afanosamente en sus casas para traernos de todo: sábanas, toallas, vasos, platos, escoba, etc. El colegio nos daba una pensión mensual como estudiantes internacionales y, por supuesto, mi amiga era mi compañera de cuarto. Gracias a las nuevas amistades resultó muy agradable nuestro comienzo en un mundo completamente desconocido para nosotras. Cuando terminamos el curso introductorio de la maestría, tuve miedo de seguir allá más tiempo y de que en esos años eliminaran en los Estados Unidos la Ley de Ajuste Cubano que nos da derecho a la residencia americana después de haber vivido un año y un día en el país. Era mi intención realizar mi propio "sueño americano", por lo que decidí venir a los Estados Unidos.

Un tío mío que vivía aquí y a quien no veía desde niña me fue a visitar a México y me informó que en Estados Unidos había programas de posgrado en otras áreas. Exploré y descubrí que podía solicitar visa como estudiante internacional para hacer una Maestría en Español en la Universidad Estatal de Nuevo México. También podía ser instructora asistente mientras estudiaba la maestría, por lo que reorienté mi carrera. Entré al país por El Paso, Texas, con visa de estudiante. Este tío, padrino actual de mi hija mayor, vivía muy cerca de la universidad y me ofreció casa, comida y apoyo emocional. Como no sabía inglés estaba forzada a estudiar en español. Por segunda vez estudié algo que no era lo que a mí realmente me gustaba, pero a la misma vez no me desagradaba y, según mis asesores académicos, parecía que cumplía muy satisfactoriamente con mis obligaciones como estudiante e instructora asistente de español. Terminé mis estudios de maestría con buenas calificaciones y el Departamento de Lenguas y Lingüística me ofreció continuar trabajando en la enseñanza, ahora como instructora y ¡me encantó la experiencia! Esos años descubrí algo que nunca me hubiera imaginado que podía hacer con tanto gusto y placer: ser profesora. Desde entonces me dije: "Cecilia, ya tienes tu futuro en tus manos. ¡Adelante!"

Tras dos años de experiencia quise mudarme a otro lugar. Era joven y la universidad estaba en una pequeña ciudad llamada Las Cruces donde no había mucho que hacer. Era hora de un cambio y... ¿dónde mejor que en Miami? Recogí mis cosas y me fui a Miami a una nueva aventura. Allí solicité trabajo en varios lugares y lo conseguí en el Miami Dade Community College y en dos compañías privadas de enseñanza de idiomas. Tenía tres trabajos y empecé a ahorrar para comprarme un pequeño apartamento. Trabajé muy duro durante dos años hasta que en 1999 recibí la oferta de la Universidad de Miami para enseñar español. Hasta este momento sigo en el mismo lugar dando lo mejor de mí cada día y feliz de tener ahora una bonita familia con mis dos hijas, un gran esposo y un trabajo que disfruto mucho, además del placer y orgullo de enseñar mi idioma y mi cultura. ¿Qué más puedo pedir?

*Déjame que te cuente...*

## Mis patrias

I
Verdor que quema
sol implacable
dulzura de aire
que nos embriaga

Sabor infinito
trópico anhelante
eternidad imperecedera
raíces podridas...

II
Retoños de silicona
ambigua comodidad
materia que todo puede
vacío lleno de brillo

Jazmines que ya no huelen
y el aire, el aire frío
sentidos que ya no siento
lógica implacable
conveniencia infinita
muerte eterna...

## La colmena

Incesante actividad
que a todos deslumbra,
pragmatismo frío y gris,
puntualidad asombrosa,
engranaje diabólico.

Maquinaria atroz
que muele sin cesar,
que nunca para,
que nunca parará.

Que devora,
que gasta,
que se nutre de lo que somos
o de lo que pensamos que somos.

Mecanismo brutal,
despiadado
pero siempre complaciente
que nos hace marcar
el imperturbable ritmo
de nuestras vidas prestadas.

Frenesí, miedo, delirio,
magia embrujada, hechizo eterno,
loco delirio,
vacío infinito.

# Lucky Me

### Cecilia Vázquez

I was born in the city of Havana, Cuba where I lived in a very modest apartment. I was blessed to live just "a little bit better" than most of my friends because my father traveled abroad due to his job in the Ministry of Tourism. Even though what they paid him on his trips was a "stipend" in dollars, which was no a great amount, he always had enough to bring us some small gifts. Later, on two separate occasions, my mother would also travel abroad. She knew several languages and despite not being a communist they let her travel as representative of the Cuban government because there were very few people in the National Office of Inventions, Technical Information and Trade Marks with the level of knowledge she had.

Mom and dad happened to travel together once and this provided with the opportunity for them to only used one of the two assigned "stipends." The little money that they saved allowed us to move into a better apartment in "El Vedado". Of course, this was illegal but the older woman who owned the apartment didn't mind having a smaller space for herself since extra money came in very handy, so, we moved. My older brother and I slept in one room and my parents in another.

When I reached college age, I was not able to apply to the degree I really wanted despite my good grades; that year, the government did not offer many positions in psychology, my favorite subject. The budget for this academic field was very limited and if I was not chosen I would be left out. Consequently, I decided to study economics, a career with more than one hundred positions available. Since my grades were very good, it was a safe bet and I could still aspire to hold a professional degree one day. For five years, I studied something I did not like and my only consolation was to "become someone" in life. This is what I had always heard since childhood, it was the philosophy that my parents had instilled in me and having a college degree was always a priority.

When I finished my education, I had the great fortune to learn through a good friend of mine that the Mexican Consulate in Cuba was offering two scholarships given by the National Council of Science and Technology, known as CONACYT, to study a master's in economics at the Centre for Research and Teaching of Economics (CIDE) in Mexico. Of course, this news was not publicly announced otherwise all of the recent graduates like me would have applied for the admissions exam, but my friend and I did run to apply. There were two scholarships and there were about five applicants. The next month we were notified that both, my friend and I, had received the scholarships! We were so happy knowing that we were going to leave Cuba and begin a new life!

When we arrived in Mexico our new friends in the master's program helped us a great deal. We had practically nothing but they thoroughly searched at their houses and brought us some of everything: sheets, towels, cups, plates, broom, etc. As international students the university gave us a monthly pension and of course my friend was my roommate. We made many good Mexican friends and it is to them that we owe such a pleasant beginning in a world so completely unknown to us. When we finished the introductory course I was afraid to remain there. I feared that they would remove the Cuban Adjustment Act in the United States which gives Cubans the right to American residency after living a year and a day in the US. Since it was my intention to come to this country and have my own "American dream" I decided to come.

An uncle of mine that lived here and worked in a university arranged the paperwork for me to obtain an international student visa. I came through El Paso, Texas as a student. This uncle, now the godfather of my oldest daughter, offered me his home, food, and emotional support. I decided to study a master's in Spanish at New Mexico State University, where he worked. Since I did not know English I was forced to study in Spanish. For the second time I was studying something that I did not truly love, but I did not dislike it either. I completed my master's studies with high grades and the department of Spanish offered me a job as a professor. I loved the experience! I discovered something that I never would have imagined I could do with so much comfort and pleasure: teach. When I came out of my first class I told myself: "Cecilia, now the future is in your hands... Onward!"

After two years of experience I wanted to move to a new city. I was young and the university was in a town called Las Cruces, with not much to do. It was time for a change, and what better place than Miami? I picked up my things and I moved to Miami on a new adventure. There, I applied for work in many places and finally landed a job at the Miami Dade Community College and at two different companies where they taught languages. I ended up with three jobs and I began to save up to buy a small apartment. I worked very hard for many years. Finally, I received the acceptance from the University of Miami to teach Spanish. I began working there and to this day I am in the same place giving the best of myself every day. I am happy now with a beautiful family: two daughters, a great husband and a job that I enjoy very much; aside from being very proud to teach my language and culture. What more could I ask for?

*Déjame que te cuente...*

*My homelands*

I
Burning greenery,
relentless sun,
sweetness in the air
that intoxicates us.

Infinite taste
longing tropics
imperishable eternity
rotten roots...

II
Silicone buds
ambiguous comfort
material that can be anything
empty brightness.

Jasmines that no longer smell
and the air, the cold air
senses I no longer feel
relentless logic
infinite convenience
eternal death...

Cecilia Vázquez

## The Bee Hive

Ceaseless activity
that dazzles everyone
pragmatism cold and gray,
amazing punctuality,
diabolical gear.

Atrocious machinery
grinding without ceasing,
it never stops,
it will never stop.

It devours,
it spends,
it feeds off what we are
or what we think we are.

Brutal mechanism,
ruthless,
but always complacent
it makes us mark
the steady rhythm
of our borrowed lives.

Frenzy, fear, delirium.
haunted magic, eternal spell,
crazy delirium,
infinite void.

# Odisea

## María Marsh

Esta historia empieza hace varios años, en la ciudad de Chihuahua, México, en donde trabajaba una joven maestra llamada María, quien enseñaba en una escuela primaria. Ya tenía diez años ejerciendo su profesión que la apasionaba. Tenía un novio llamado Francisco que era de la misma ciudad y que trabajaba como ingeniero. Pensaban casarse en un futuro cercano, pero un día María conoce a un extranjero que era un inmigrante alemán llamado Hans. Él vivía en Rosarito, un pueblito cerca de Tijuana, Baja California.

> Hay un lugar en los entornos de una playa
> donde la arena juega con el agua,
> y xóchitles acuáticas.
>
> La brisa me trae recuerdos,
> vivos, muertos, ingratos.
> Rosarito Edén en el infierno,
> nido de soñadores, hogar del ayer.
>
> En tu suelo emprendí una epopeya.
>
> Tengo una cita con la sonrisa de tu horizonte,
> con tu negro mar,
> para cerrar el marco de una historia
> sin final.

Desde el momento que lo conoce sus ojos azules como turquesas le roban el corazón.

Y son tus ojos de zafiro
que electrizan mi sentir.
Y es tu vikingo acento que ofusca mi pensar.

¿Qué me has dado?
Hermoso espécimen de la humanidad
¿Qué embrujo me diste?
Ariano, torrente de querencias.
Besando te pierdes
en el torbellino de mis ojos cafés,
en la locura de mi morena piel.

Qué importan las palabras necias
ni las sombras del pasado.
Nuestra unión es la vida
y el futuro lar,
pues todos tenemos
un mismo corazón para amar.

María rompe con Francisco pues ella sabe que Hans es el hombre con el que había soñado. Así que empiezan una relación y después de meses de conocerse deciden casarse.

Por el momento María tiene que mudarse a Rosarito para vivir su nueva vida de casada, pero el plan era mudarse a Chihuahua después de que Hans arreglara sus asuntos. Lo máximo sería un año y María regresaría a Chihuahua a vivir con su esposo, rodeada de sus familiares y amigos. Pero el destino les jugaría una mala pasada a María y a Hans, ya que después de cuatro meses de casados unos abogados con los que Hans tenía negocios asociados, con el afán de apoderarse de toda la companía deportan a Hans de México. Lo deportan como "persona indeseable para el país" y así no tienen otra opción que establecerse en los Estados Unidos. María pasa su primera navidad en este país en una caja de tráiler sin electricidad y con un calentoncito de gas.

Ella trata de arreglar los documentos para que su esposo regrese a México de manera legal a través de su ciudadana mexicana, pero lleva años intentándolo sin tener resultados positivos. Con el tiempo y mientras María está tratando de conseguir el perdón para Hans, están pasando otros hechos que le darían un viro distinto a su vida. A los dos años de la deportación la pareja tiene un hijo al que le ponen por nombre Hans.

Oleadas de stamina ese es mi child
Grita, ríe, llora y todo en una hour
Si el se enoja todo se vuelve muy sour
Y entonces se convierte en caballo wild.

Mi niño de corazón salvaje y mild
gran berrinchero como un hércules lour
Sonrisas transparentes del chico our
Así y todo él es mi niño de oro schild.

Aún así ellos siguen tratando de conseguir la visa para que Hans emigre a México y puedan vivir los tres en Chihuahua. Después de cuatro años de tratar por todos los medios, la pareja pierde las esperanzas de que este perdón se pueda dar y como Hansy ya está en la edad en la que tiene que asistir al pre-escolar y después al kínder, deciden fijar su residencia permanente en los Estados Unidos y ya no tratar de obtener la visa para que Hans regrese a México.

Se hace la promesa de que así como había triunfado en su país, también lo haría en este nuevo mundo que la había aceptado y adoptado como ciudadana. Para esto su primera meta es retomar su trabajo en la docencia, pero como no es maestra titulada en los Estados Unidos ella no puede ejercer su profesión. Tampoco le dan crédito de sus estudios y títulos en México, ni toman en cuenta su experiencia como maestra. Entonces decide entrar en la universidad para obtener su licenciatura en español, lo que logra en 1996. Después obtuvo empleo en el Sistema Educativo de Texas enseñando español en una preparatoria pública y ha continuado desarrollando sus métodos de enseñanza en los últimos quince años. Más tarde en 2005 recibe su título de Maestría en Literatura Española con énfasis en Escritura Creativa, lo que le permite enseñar en el colegio comunitario en las tardes y en la universidad durante el verano. Actualmente ella está en proceso de completar su doctorado en estudios hispánicos.

Ha sido un camino largo, difícil y con muchos sufrimientos, pues tuvo que aprender a adaptarse a la nueva cultura: otro idioma, otra comida, otra música y otras costumbres en general, pero este sufrimiento tuvo su recompensa porque ahora no solamente es bilingüe, sino que también es bicultural.

Con el tiempo su vida personal tuvo varios cambios y María volvió a casarse con un maestro universitario, con quien vive felizmente en el sur de Texas...

> Los días anubarrados,
> se desvanecen
> el verdemar de tus ojos
> ilumina las sombras.
> Melancolía,
> morriña,
> murría,
> alótropos de semánticas superadas
> vengan noches sin menguantes,
> días de duelo,
> que venga lo que sea
> si mis ojos castaños
> ya vuelven
> a besar con la mirada.

Ella aún regresa a México ocasionalmente a visitar a su familia y amigos y sobre todo, para deleitarse de su rica cultura mexicana.

# Odyssey

## María Marsh

This story started several years ago in the city of Chihuahua in Mexico where Maria was a young teacher in an elementary school. She had ten years experience in a profession that she loved. Her fiancé was Francisco; he was also from the same city and he was an engineer. They were contemplating marriage in a near future, but one day, Maria met a foreigner. He was an immigrant from Germany; his name was Hans. He lived in Rosarito, a small town near Tijuana, Baja California.

> There is a place
> At the edge of a beach
> where the arena plays
> with the water,
> and the aquatic xóchitles.
>
> The breeze brings
> memories,
> alive, dead, ungrateful.
> Rosarito: Eden in Hell
> dreamers nest,
> home of the yesterday.
>
> In your soil was born an epic.
>
> I have a date with the smile of your horizon,
> with your black sea to close the frame
> of a story with no end.

From the moment they met, his blue, turquoise-like eyes stole her heart.

With those sapphire eyes
that electrify my senses.
And is your Viking accent
that darkens my thinking.

What have you given me?
Beautiful specimen of humanity
What spell did you cast on me?
Arian, torrent of love.
You lost yourself
in the whirlwind of my brown eyes,
in the wildness of my brown skin.

Foolish words do not matter
nor the shadows of the past.
Our union is life and future,
since we all have one heart to love.

Maria broke her engagement with Francisco; she knew that Hans was the man of her dreams. So, they started a formal relationship and several months later they decided to get married.

She moved to Rosarito to start her married life but with the intent for the two of them to move back to Chihuahua. They thought it would take maybe a year because all that was lacking was for Hans to settle some business. Maria envisioned herself back in her hometown with her husband, surrounded by her relatives and friends. Yet, destiny had set a different path for them: four months into the marriage, a law firm associated in business with Hans, deported him from Mexico in order to obtain all of his company assets. He was deported under the "Undesirable for the Country" status so the couple had to migrate to the United States. Their first Christmas in the country was celebrated in a trailer without electricity and with only a gas heater.

Maria began the time consuming task to obtain a Mexican residence visa for her husband based on her citizenship, but years passed without any positive results. While Maria was busy trying to obtain the amnesty for Hans, new events brought a turn into their lives. After two years of deportation, they had a child. He was named Hans also.

> Waves of stamina, that's my child
> Scream, laugh, cry and everything in an hour
> If he gets angry everything becomes very sour
> And then he becomes a wild horse.
>
> My boy of good heart, wild and mild
> Throwing tantrums as a Hercules lour
> Transparent smiles of this boy of ours
> Yet he is my golden boy child.

Their desire to go back home to Chihuahua became a stronger incentive. Four years of struggling for Mexican legalization to no avail convinced them to give up on the idea. In fact, Hansy was now in pre-school age. With the prospective of his education, they made the decision to become permanent residents in the USA.

Maria promised herself that she would have the same professional success in this country, the country that had accepted and adopted her as a citizen, as she had in her homeland. Her first goal was to return to teaching but she did not have a valid United States Teaching Certificate. She did not get recognition for her studies and her degree from Mexico or her teaching experience. She entered the university to work in her Bachelor's Degree in Spanish, which she obtained in 1996, after which she gained employment within the Texas Public School System teaching Spanish at a high school and has continued to develop her teaching skills over the last 15 years. Later on, in 2006, she received a Master's Degree in Spanish Literature with Creative Writing as area of specialization, which allowed her to teach Spanish in the community college in the evenings, and in the university during summers. She is currently pursuing a doctorate in Spanish Studies.

It has been a long, hard road, laced with suffering and struggle. Maria had to learn and adapt to a new culture, a different language, new food, music and traditions, but this anguish had its own reward: Maria is not only bilingual but most of all she is now bicultural.

Many things changed in her personal life and she remarried a college professor, they are currently residing in South Texas...

Cloudy days,
fade in the sea-green of your eyes
that light the shadows.
melancholy,
woe,
blues,
Allotropes of overcome semantics
Come nights without waning,
days of mourning,
come what may,
 my brown eyes
are already starting
to kiss with Sight.

She still returns to Mexico on occasional basis to visit family and friends and to indulge in her Mexican culture.

# Consecuencias funestas de la prepotencia y las ansias de poder

Blanca Glisson

En este mundo hay personajes prepotentes que llegan al poder en nuestros países hispanos con el único deseo de enriquecerse y avasallar a la gente humilde, a los desafortunados, a quienes manipulan con eslogans como "quien da cariño, recibe cariño", lo que solía decir un ex-dictador panameño, para hacer lo que ellos quieren, haciéndoles creer que el gobierno va a velar por sus intereses, cuando lo que les importa son los suyos propios. Estos personajes se llaman dictadores y son los responsables directos de que las personas se sientan forzadas a salir de sus países de origen y emigrar a otros países donde se respire libertad.

Estos "hombres", si es que así se les puede llamar, ya que están más cerca a lo irracional, por consiguiente, del mundo animal, sin ofender a nuestra hermosa fauna; a quienes sólo les importa satisfacer su ego aunque esto signifique el tener que eliminar a todo aquel que se les enfrente u oponga, aniquilando la voluntad de los más débiles. Lo anterior expresado nos trae a la memoria eventos que han pasado y que continúan pasando en nuestra querida América Latina, en donde los derechos humanos son violados causando por consiguiente, la frustración y el deterioro de los pueblos; derivado todo esto por seres sedientos de poder.

Para ilustrar de manera específica esta problemática, comentaré acerca de la situación política que existió durante los años 70 a 90 aproximadamente, en mi país natal, Panamá, en donde no existía un gobierno civil democrático, lo que imperaba era la tiranía de un gobierno militar, el cual se había apoderado del poder dando como resultado que las personas que apoyaban al régimen y al "partido" en turno, llegaban a ocupar puestos gubernamentales sin tener siquiera la preparación requerida para desempeñar estos cargos. Estos individuos inescrupulosos sedientos de poder, se daban a la tarea de perseguir, intimidar y ultrajar a la gente que no los apoyaba.

Se fueron dando casos de personas desaparecidas, encarcelados, asesinatos a "diestra y siniestra", a la vez que las amenazas públicas eran como el "pan de cada día". La libertad de expresión fue abolida y las personas adversas al gobierno fueron tildadas de "traidores a la Patria" y "personas non gratas"; los ideales, las aspiraciones y los sueños fueron pisoteados y muchos tuvieron que pagar un alto precio cuando intentaron rebelarse: lo pagaron con sus vidas.

Por otra parte, al principio el régimen trató de utilizar las escuelas para propagar sus ideas, pero al darse cuenta de que no sería posible, las invadió y la dignidad tanto de los educadores como de los educandos, fue pisoteada sin consideración. Los programas de estudio tanto a nivel primario como secundario fueron modificados, sin tomar en cuenta los objetivos ni los propósitos de la educación basados en la democracia; lo único que se buscaba era la imposición de las ideas del régimen. Se trata de "uniformar", según dirigentes del gobierno, los programas de estudio tanto para las escuelas públicas como privadas, para que se siguiera un mismo patrón basado en las ideas comunistas.

Se presentan entonces, situaciones de violencia e irrespeto en donde la prepotencia militar se acentúa más y se empieza a notar en las escuelas la presencia de militares, sin previo aviso, quienes llegaban a las aulas, interrumpían las clases con el solo propósito de averiguar si los educadores estaban aplicando el nuevo currículum que ellos habían implantado.

El sector educativo no fue el único que se vio amenazado, el sector de salud al igual que el sector privado también se vieron afectados, dando como resultado el descontento general, que fue poco a poco aumentando dando origen a las huelgas y paros, lo cual generó la violencia del gobierno contra el pueblo oprimido;

aumentaron los ultrajes y las vejaciones, deteriorando una sociedad que durante mucho tiempo había sido pacifista, para dar paso a una sociedad con ansias de libertad.

Los sectores profesionales se declararon abiertamente opuestos al gobierno, el cual a su vez, amenazó directamente a los sectores tanto educativo como al de salud, de sacarlos de sus puestos y reemplazarlos con educadores y personal del servicio de salud traídos de Cuba, maniobra utilizada para debilitar el movimiento contra-revolucionario. Se crearon grupos "paramilitares", los cuales eran grupos partidarios del gobierno, quienes iban en contra del mismo pueblo, "pueblo contra pueblo", "hermano contra hermano", espías e informantes del régimen contra sus vecinos y su propia familia.

Ataques contra dirigentes y personas opuestas al gobierno se fueron escalonando; muchos salían de sus casas y no regresaban, debido a que eran detenidos para luego desaparecerlos. Los militares hacían constante despliegue de su fuerza, especialmente cuando los grupos civilistas, sin armas, se tiraban a las calles para protestar, y eran brutalmente dispersados con balas, perdigones y gas pimienta. Un régimen militar, el cual se sentía "omnipotente" porque estaban enfrentando a un "temible" enemigo, un pueblo desarmado e indefenso.

Un pueblo a quien se le había privado de la libertad de escoger a sus gobernantes democráticamente, ya que cada vez que habían "votaciones", estas eran fraudulentas debido a que el "candidato ganador" o mejor dicho, el "de a dedo" era el candidato del gobierno, el títere del dictador en turno.

Los recursos del Estado eran utilizados para el beneficio del régimen mientras el pueblo se moría de hambre al punto que, no recibía dinero en efectivo por su trabajo sino que se le daba "cheques", los cuales debería llevar a los almacenes o supermercados que los aceptasen para poder llevarles "un pedazo de pan" a sus hijos; práctica "aprendida" de su "mentor y amigo", el dictador cubano al que no necesitamos mencionar.

Esta situación de represión originó hechos tan violentos que llamaron la atención internacional; uno de estos incidentes fue el que sufrió el vicepresidente que había sido electo por el pueblo y que el régimen dictatorial había ignorado, quien fue salvajemente atacado por grupos formados por partidarios del gobierno llamados "varilleros"; el cobarde ataque al vicepresidente fue filmado clandestinamente por personas de los grupos civilistas, contrarios al régimen, imágenes que fueron vistas por millones de personas alrededor del mundo, quienes expresaron su repudio a la represión que sufría el pueblo panameño.

Afortunadamente, como sucede en toda película de horror en donde se elimina al personaje brutal y sanguinario, así mismo sucedió en nuestro querido país Panamá, en donde se presentan situaciones de conflicto que ayudan a derrocar finalmente a este siniestro régimen dictatorial. Esperamos que nunca jamás se vuelva a repetir la pesadilla que vivimos los panameños por un periodo de largos veinte años y que ocasionó que muchos panameños tuvieran que emigrar a otros países, especialmente a los Estados Unidos de América, buscando un mejor futuro y ante todo, la libertad que es inherente a todo ser humano. En mi caso personal, el haber emigrado a los Estados Unidos me ha ayudado a crecer de manera tanto personal como profesionalmente, por lo cual siempre estaré agradecida con esta gran nación.

Ahora en Panamá, país hospitalario y reconocido como: "Puente del Mundo y Corazón del Universo", se respira libertad y progreso, lo cual se puede apreciar en el crecimiento tanto económico como cultural, añadiendo a esto, la expansión de "Nuestro Canal", orgullo de todos los panameños.

Lo anterior expuesto nos enseña que a pesar de las desventajas históricas que han afectado a muchos de nuestros países latino-americanos, en cuanto a regimenes dictatoriales sedientos de poder se refiere, siempre hay esperanzas de un futuro mejor donde haya libertad, igualdad y paz para todos; en donde no haya la forzosa necesidad de partir de nuestra querida tierra que nos vio nacer y a la que siempre extrañaremos profundamente.

# Dire Consequences of Arrogance and Desire for Power

Blanca Glisson

In this world there exist some rather arrogant characters that come to power in our Hispanic countries with the only desire to enrich themselves and enslave the common people, the unfortunate whom they manipulate with slogans like "who gives affection, receives affection," which a former Panamanian dictator used to say, in order to get the people to do what they want, making them believe that the government will look after their interests when all they care about are their own. These characters are called dictators and are directly responsible that people feel forced to leave their countries of origin and migrate to other countries where they can breathe freedom.

These men, if we can even call them that, since they are closer to the irrational, consequently being closer to the animal world, without offending our beautiful fauna of course, only care about satisfying their ego and do not care about what they need to do, how many heads they need to chop in order to achieve their purpose.

What has been previously expressed has brought to our memories similar examples that have happened and continue to happen in our beloved Latin America, in which human rights are not respected and consequently causing frustration and the deterioration of towns; all of this derived by the thirst for power.

In order to illustrate this problem specifically, I would like to comment on the political situation that existed in my native country, Panama from the years of 1970-1990, where a civil democratic government did not exist, just the tyranny of a military government which had taken control of the power which resulted in the people that supported the regime and the "Political Party" in turn, started to occupy government jobs without even having the preparation required to carry out these posts. These unscrupulous individuals, thirsty for power, gave themselves the assignment to pursue, intimidate, and insult the people who did not support them. There were cases of people that had disappeared or were incarcerated, right and left; at the same time the public threats were like "the daily bread." The freedom of speech was abolished and people that were adverse to the government were branded as "traitors to the homeland" and "unwelcome people," the ideals, the aspirations and the dreams were trampled on and many had to pay a high price when they attempted to rebel: they paid with their lives.

Moreover, at the beginning, the regimen tried to utilize the schools to spread their ideas, but when they realized this would not be possible, they invaded the schools and the dignity of the educators as well as of the students were trampled on without consideration. The curriculum at that primary and secondary levels were modified regardless of the objectives or the purposes of the education based on democracy; the only thing that was wanted was the imposition of the ideas of the regime. It had to do with "making uniform," according to government leaders, the curriculum for both public and private schools so that they followed the same pattern based on communist ideas. Situations of violence and disrespect are then presented in which military arrogance is accentuated more. You begin to notice in the schools the presence of military personnel, without previous warning, who came into the classrooms, interrupted classes with only one purpose, to find out if the educators were implementing the new curriculum that they had imposed.

The education sector was not the only one that was threatened. The health sector, as well as the private sector were also affected, the result was a general unhappiness, this gradually began to increase giving rise to strikes and lockouts, which in turn, gave rise to violence from the government against the oppressed people; increasing the insults and humiliation, deteriorating a society that had long been a pacifist to make way for a society yearning to be free.

The professional sectors openly declared themselves against the government, which in turn directly threatened the education sectors as well as the health sectors, to remove them from their positions and replace them with educators and health service personnel brought from Cuba, a maneuver used to weaken the counter-revolutionary movement. "Paramilitary" groups were created, which were groups of government supporters who were against the people "nation against nation," "brother against brother," the regime spies and informers against their neighbors and their own family.

Attacks against leaders and people opposed to the government were staggering, many came out of their houses and did not return because they were arrested and then disappeared. The military constantly displayed their strength, especially when civilian groups, without arms, ran to the streets to protest, and they were brutally dispersed by bullets, buckshot and pepper spray. The military regime felt "powerful" because they were facing a "terrible" enemy, an unarmed and defenseless people. A people who had been deprived of the freedom to choose their leaders democratically, because every time they had "elections" these were fraudulent because the "winning candidate" or rather, the "appointed" was the government's candidate, the dictator's puppet.

State resources were used for the benefit of the regime while the town was dying of hunger, to the point that no cash was received for your work, instead you were given "checks," which were to be taken to stores or supermarkets that accepted them, so that you could take "a piece of bread" to your children; this practice was "learned" from his "mentor and friend," the Cuban dictator who does not need to be mentioned.

This situation of repression originated violent incidents that drew international attention, one of these incidents was the one suffered by the vice president who had been elected by the people and that the dictatorial regime had ignored, he was savagely attacked by groups formed by government who beat him with pipes. The vice president's cowardly attack was filmed secretly by civilian groups, contrary to the regime, images that were seen by millions of people around the world who expressed their condemnation of the repression suffered by the Panamanian people.

But fortunately, as in all horror movies, where the brutal and bloody character is removed at the end, so it happened in our beloved country Panama, where conflict situations occur that help to finally overthrow the sinister dictatorial regime. We hope the nightmare that the Panamanians lived during a long period of twenty years never, ever happens again. Because due to this many Panamanians were forced to emigrate to other countries, especially the United States, seeking a better future and above all the freedom that is inherent in every human being. Personally, having emigrated to the United States has helped me grow both personally and professionally, so I will always be grateful to this great nation.

Now in Panama, hospitable country and recognized as "bridge of the world and heart of the universe " breathes freedom and progress, which can be seen in both economic and cultural growth, adding to this, the expansion of "Our Canal" which is the pride of all Panamanians.

As seen above, this teaches us that despite the historical disadvantages that have affected many of our Latin American countries in terms of power-hungry dictatorial regimes are concerned, there is always hope for a better future where there is freedom, equality and peace for all; where there is no need to leave our dear land that gave us birth and the one we will always miss deeply.

# De aquí y de todas partes

## Diva Ninoschka Cuéllar Rivero

Las primeras memorias que tengo de mi niñez se relacionan todas con mi padre. Veo su imagen echado en su hamaca cantando viejas melodías desde el tango hasta las sambas brasileñas arcaicas de comienzo de siglo. También recuerdo que aprendí todas las canciones que le cantaba su madre cuando era niño... eran canciones castellanas antiguas. En esa época vivíamos en un pequeño pueblo que se llamaba Magdalena, en la selva amazónica de Bolivia, región fronteriza con Brasil. Esa selva tropical que se extiende pasando por nueve países fue mi cuna. Nací en Bolivia , pero me identifico mucho con Paraguay, tanto porque somos vecinos como por el hecho de que en ambos países sufrimos mucho por una guerra inútil.

Mi niñez transcurrió al lado de mi padre consumida por la lectura. Mi papá se llama Carmelo Cuéllar Jiménez, sus padres vinieron de la ciudad de Santa Cruz de la Sierra en busca del oro blanco de la época, "la siringa" y sus abuelos eran españoles de la región de Segovia. Mi papá tenía una biblioteca que iba de pared a pared, en la que a través de la lectura conocí a Ernesto Sábato, Julio Cortázar, los poemas de Federico García Lorca, los llantos de Hernández, la melancolía de Bécquer...

Los recuerdos de mi padre fueron lo primero que me ayudó a crear una cosmovisión propia para mí en la que se acumularon todas las tradiciones, creencias y mitos que alimentaban la cultura y los pensamientos de los intelectuales de su época, en mi mente se crearon ideas basadas en una mezcla de países, de culturas, de creencias que se originaban en esos libros de los escritores, cuentistas y anécdotas que iban desde autores de México hasta la Argentina.

No sólo me empapaba con las ideas de estos escritores, sino que en muchos casos hasta los había conocido personalmente, autores como Neruda, Vargas Llosa, Benedetti, Borges hasta el nutrirse de los más clásicos de la literatura Española como Góngora, Quevedo, Garcilaso, Garcia Lorca, Rubén Darío y Miguel Hernández. Recuerdo nítidamente que declamaba poemas de Amado Nervo, uno de los que más me acuerdo era el poema "En Paz"

Me lo sabía de memoria: *"Yo te bendigo, vida, porque nunca me diste ni esperanza fallida, ni trabajo injusto, ni pena inmerecida..."*

Lo que más me marcó en la vida fueron las enseñanzas que obtuve de mi señor padre, hombre culto, sabio, amante de las letras, de los libros, de las palabras, digno servidor de su pueblo, Bolivia, en calidad de gobernador, de senador, de embajador, diplomático y también de ex-combatiente de la Guerra del Chaco, guerra que se libró entre Bolivia y Paraguay entre los años 1932 y 1935. Durante su tiempo en que se desempeñó como diplomático llevó muy en alto el nombre de nuestro país sudamericano. Y también debo mencionar que fue él quien me dio mis nombres, una historia singular de mi vida: cuando hizo una visita a Rusia estuvo personalmente hablando con Leonida Brezneh y Nikita Krusehev quienes le sugirieron que me nombrara "Ninoschka". Mi primer nombre es "Diva" y mi padre me contó que desarrolló una gran admiración por la cantante de ópera griego-americana María Callas cuando él estaba exiliado en Argentina, durante la época en que se organizaban los intelectuales bolivianos exiliados en Buenos Aires y Montevideo para preparar la Revolución Boliviana de 1952. Luego de muchos años, mi padre viajó a Estados Unidos y aumentó su admiración por la Sra. Callas al escucharla cantar ópera en persona. Cuando nací, al parecer a mi madre no le gustaba el nombre de María, y mi padre me hizo bautizar como "Diva Ninoschka" en honor a la diva operática y a sus amigos rusos.

A la tierna edad de doce años mi único regalo de cumpleaños fue una máquina de escribir *Brother* de color naranja. Como he dicho, mi padre era un prolífico escritor, además de pensador, y temible luchador en la Guerra del Chaco, había sido uno de los protagonistas de la Revolución Boliviana de 1952 como activo partícipe. Siempre capté que había algo en él que era diferente de los demás… quizás eran sus momentos de nostalgia en los que se echaba en su hamaca y se acordaba de la crueldad de esa guerra en la que fue un gran héroe y se convirtió en una leyenda… quizás por ello se refugió en las letras, en el mundo de los libros, y allí también me llevó a mí. Su eterno enamoramiento por seguir escribiendo artículos en los periódicos para que su voz se escuchara fue el primer paso para que yo empezara a aprender a redactar y escribir. Mi papá escribía sus artículos de su puño y letra, y yo, a mis doce años apenas entendía lo que él escribía… así que transcribía lo que le escribía y al hacerlo, fui descubriendo sus pensamientos, sus ideas, sus posiciones en la política, sus anhelos, sus frustraciones con un sistema político y social injusto…

Recuerdo que se juntaba en las tertulias en hogares con sus amigos intelectuales entre los que se contaban don Antonio Carvalho Urey, don Plácido Molina Barbeyr, don Hernando Sanabria y cada uno declamaba o comentaba las obras o los eventos políticos de la época. Yo absorbí todo eso, era como una esponja escuchando lo que ellos conversaban, y todo eso se quedó conmigo. Cuando tenía unos trece años me dio el libro "Rayuela" ¡tuve tanta dificultad para entenderlo! y luego otro libro que me marcó mucho fue "La Vorágine" de José Eustasio Rivera por lo que a muy temprana edad aprendí a ver la cruda y cruel realidad de la vida en Hispanoamérica. La lista sería interminable para nombrar todos los libros que me daba para leer, en esa época no teníamos televisión, no teníamos juguetes, la única distracción era leer. Para mí fue un escape, me internaba en un mundo de magia, de cuentos, de historias. La vida en Bolivia para una joven no era fácil, no había muchas chicas a quienes les gustase leer como a mí, usualmente lo único que se aspiraba en ese entonces era a casarse, tener hijos, criarlos y no había mucha ambición académica que se inculcara a las jóvenes, era sólo seguir el rol de madre, esposa y ama de casa.

Por él adquirí un amor por la poesía con sus melancólicos

llantos, con sus tonos de tristeza de amores perdidos, las palabras y las frases y el alma de los poetas y los escritores que se develaban ante mí, se convirtieron en el imaginario que yo creaba en mi mente. Siempre desde niña sentí que era más madura que mis amigas, leí tantos libros, historia, novelas, poesías y estuve conviviendo más en el mundo de los adultos que pensé que entendía mejor el mundo de las personas mayores, pero aún tenía muchas preguntas sobre muchos temas.

Otro evento que cambió mi vida fue que a los nueve años de edad, fui enviada a vivir a Maryland. Apenas llegué a los Estados Unidos aprendí a hablar el idioma inglés, en menos de tres meses hablaba perfectamente, el tiempo que pasé en Estados Unidos es uno de los más bonitos de mi niñez y cuando regresé a Bolivia extrañaba los dibujos animados en la televisión, mi escuela, a mis amigas, pero poco a poco me fui resignando a mi vida en Bolivia.

El tiempo transcurrió, un día conocí a mi futuro esposo, Steven Brashear quien trabajaba para la embajada americana en La Paz; era un militar de la unidad de las fuerzas especiales Boina Verde. ¡El mismo día que me conoció me pidió casarme con él! Un par de meses después nos casamos y me mudé a Estados Unidos. A pesar de que viajé muy lejos desde mi tierra natal, en mi corazón se quedaron grabados todos los recuerdos de las historias que me contaba mi padre, de las letras de las canciones antiguas, los boleros, los tangos, las sambas, al igual que las interminables tertulias de los intelectuales. No fue fácil llegar a Estados Unidos y dejar todas esas emociones atrás.

Si me fui físicamente de Bolivia, se quedaron conmigo las historias y los cuentos sobre la Guerra del Chaco que mi padre me contaba, guerra cruenta que cobró más de cien mil vidas en el lado boliviano; me contaba el cuento "El pozo" del escritor cochabambino Augusto Céspedes y cada vez que me lo contaba, sus ojos se llenaban de lágrimas...

Cuando llegué a Estados Unidos, me propuse que tendría que terminar una carrera, que tendría que encontrar alguna manera de saber más de lo que me había enseñado mi padre. Cuando nos mudamos al estado de Texas me inscribí en Austin Community College, con excepción de las matemáticas, las otras clases fueron más llevaderas, sobre todo porque era bastante lectura y escritura, precisamente lo que más me gustaba hacer. Trabajaba a tiempo completo y al final del día estaba agotada, pero encontraba fuerzas para tomar clases en la noche, fueron largas horas, largos días, horas de frustración porque no me gustaban las matemáticas, porque no podía estar mucho tiempo con mi esposo, con mi familia… pero siempre me decía a mí misma que debía cumplir con la meta de conseguir el título de Filóloga.

Uno de mis mayores orgullos fue tener a mi hijo Christian Brashear Cuéllar, el sol de mi vida, la luz de mis ojos. Al tenerlo, mi visión sobre muchas cosas cambió, mi hijo y mi esposo Steven fueron los motores que me impulsaron a salir adelante, siempre quise que ellos se sintieran orgullosos de mí. Nuestro hijo Christian tuvo la bendición de tener un padre que lo ayudó, lo iluminó, le alumbró el camino, lo cuidó siempre y paradójicamente ambos estudiaron la misma carrera de Estudios Latinoamericanos en la Universidad de Texas en Austin. Mi hijo es un joven con una mente brillante, un muchacho que sólo nos ha dado satisfacciones y alegrías. Y mi esposo estuvo siempre a mi lado dándome ánimo para seguir adelante.

He contado con la gran fortuna de viajar a muchos países, de conocer otras culturas, la oportunidad de aprender el uso del lenguaje y las palabras que se utilizan en otros países. Mi padre me dio un diccionario a temprana edad y ese fue siempre mi guía que me servía para poder utilizar hasta los arcaísmos. Siempre pensé que nuestro uso de la lengua es una buena guía para los demás y creo que es una responsabilidad el buen uso del lenguaje, especialmente el lenguaje castellano. Quizás es por eso que me gustaba tanto viajar y ver de cerca cómo eran otras sociedades, su forma de hablar y de expresión, lo que sin duda alguna enriqueció mi vida de una manera inmensa.

*Déjame que te cuente...*

Terminé mi carrera en Texas State University, me gradué con altos honores y luego fui aceptada en el programa de Maestría en Filología Hispánica, actualmente estoy en el comienzo de un arduo camino para el doctorado. El destino me dirá para dónde voy de aquí en adelante, pero definitivamente el camino no ha sido nada fácil.

Nací en Sudamérica pero siento que pertenezco aquí y a todos los sitios, que llevo buenas experiencias y muchas culturas que me han dejado impresas un conocimiento de la gente de tantos países que he visitado y que me han hecho la persona que ahora soy.

# From Here, There and Everywhere

## Diva Ninoschka Cuéllar Rivero

The first memories I have of my childhood have all to do with my father. I can see him lying in his hammock singing old songs ranging from tango to Brazilian sambas of centuries ago. I also remember that I learned all the songs his mother sang to him when he was a child, they were old Castilian songs. In those days, we lived in a small town called Magdalena in the Amazon jungle of Bolivia in the border region with Brazil. That rainforest region is big and it extends through nine countries, the cradle where I was born. My native homeland is Bolivia, but I also identify myself with Paraguay because they are neighboring countries and because they both suffered from a war that turned out to be completely useless. My childhood was spent by my father's side consumed by reading. My dad's name is Carmelo Jimenez Cuellar; his parents came from the city of Santa Cruz de la Sierra in search of the white gold: "the rubber". His grandparents were Spaniards from the region of Segovia.

My father's memories are the first thing that helped me create a view of the world. Essentially, they were an accumulation of traditions, beliefs and myths that fed my mind, the culture and thoughts of the intellectuals of his time. I think they were ideas based on a mixture of countries, cultures and beliefs originated in many books written by a great variety of authors from Mexico to Argentina. He not only helped me soak the ideas of these writers, but in many cases, he could share private anecdotes since he had known some of them personally, writers like Neruda, Vargas Llosa, Benedetti, and Borges. I read as well the classic Spanish literates from Gongora, Quevedo, Garcilaso to Garcia Lorca, Ruben Dario and Miguel Hernandez. I clearly remember spouting poems of Amado Nervo; the one that I remember the most is the poem "In Peace" I knew it by heart... "*I bless you, life, because you never gave me false hope, nor an undeserved job, or an unjust punishment.*"

My father had a library that spread from wall to wall. There, I acquired knowledge through reading authors like Ernesto Sabato, Julio Cortazar, the poems of Federico Garcia Lorca, the sad poems of Hernandez, and the melancholic poems of Becquer...

Of course, what I most cherish from this part of my life were the amazing lessons I got from my dear father, a wise man, a lover of literature and books; a man who enjoyed learning about the meaning of words, a worthy Bolivian, a servant of his people. He served as a governor, senator, ambassador, and as a diplomat. Also, he was a well known veteran of the Chaco War, the war fought between Bolivia and Paraguay in the years 1932 to 1935. As a diplomat, he always held the name of Bolivia high and with honor. I should also mention that he chose my names and this really is a unique story of my life: after he made a visit to Russia and was personally visiting the Russian leaders Leonid Brezhnev and Nikita Khrushchev, they both suggested my name to be "Ninoschka". My first name is "Diva" because my father told me that he developed an admiration for the Greek-American opera singer "Maria Callas" when he was exiled in Argentina, at this time, there were other Bolivian intellectuals, also exiled in Buenos Aires or Montevideo, they were plotting the Bolivian revolution of 1952. After many years, my father traveled to the United States and says he came to have a greater admiration for Ms. Callas when he heard her sing opera in person. When I was born, my mother apparently did not like the name Mary, and my father baptized me with the names "Diva Ninoschka " in honor of the operatic Diva and his Russian friends.

At the tender age of twelve my only birthday gift was a typewriter, an orange *Brother* typewriter. My father was a prolific writer as well as a thinker. He was inspired by his experiences, first as a fearsome fighter in the Chaco War and later as one of the active protagonists in the Bolivian revolution of 1952. I always noticed that there was something about him that was different from other people. Maybe, it was due to his moments of nostalgia; he used to lie on a hammock and recollect the cruelty of the wars in which he was a great hero and became a legend. Perhaps that's why he took refuge in reading, in the world of books. He also introduced me to this world. His eternal infatuation with the constant writing of articles for newspapers, was so his voice could be heard, it was a very intense voice. It was what helped me start learning how to draw and write. My dad wrote his articles in pen, I was only twelve and I could barely understand what he wrote, but I transcribed all of his writings using the orange typewriter he gave me as a present. In doing so, I discovered a lot about his thoughts, his ideas, his political views, his anxieties and frustrations with an unjust political and social system.

I also remember going to gatherings in different homes with his friends. They were all the intellectuals of the time. Among them I should mention don Antonio Carvalho Urey, don Placido Barbeyr Molina, don Hernando Sanabria; each one of them commented on literary works, they recited poetry or discussed the political events of the time. I absorbed all of that; I was like a sponge listening to what they were saying. All those conversations remain in my memories. When I was about thirteen years old, Dad gave me the book "Hopscotch" by Cortazar, I had so much difficulty understanding it! Then, he gave me "La Voragine" by Eustasio Jose Rivera… at an early age I learned to see the harsh and cruel reality of life in Latin America. The list of all the books I read goes on and on; in those days we did not have television, nor did we have toys; our only distraction was reading books. For me, it was an escape. I submerged myself in a world of magic and fantastic stories. Life in Bolivia for a young woman was not easy; there were not many girls who liked to read like I did. Usually, their aspirations at the time were to marry, have children and raise them. Not much academic ambition was instilled in the young women of my time; the only thing I recall was that they were just following their family's tradition: fulfill the role of mother, wife and homemaker.

There is no doubt that my father had a great influence in my training, on how I see the world. He taught me to expect something else from life. I acquired a love for poetry with its melancholic cries, with its shades of sadness of lost love, the words and phrases and soul of poets and writers were revealed to me. Whenever I was a child, I felt I was more mature than my friends. I read many books, history, novels, poems, and I felt that by being more in the adult world I better understood the world of the older people, but nevertheless, I still had many questions about several issues.

Another event that changed my life was when I was nine years old, I was sent to live in Maryland. I soon learned to speak the English language; it took me less than three months to develop fluency. The time spent in United States is one of the most beautiful memories of my childhood. When I returned to Bolivia, I missed the cartoons on TV, my school, my friends, but little by little I was resigned to live in Bolivia.

Time passed and then, I met my future husband Steven Brashear. He worked for the U.S. Embassy in La Paz, he was a military in the Special Forces unit named Green Beret, and the day we met he asked me to marry him! A couple of months later, we were married and I moved to the United States. Although I had to travel far away from my homeland, all the memories were kept in my heart: all the stories my father had told me, all of the lyrics of the old songs, boleros, tangos, sambas; all were recorded in my mind. The endless gatherings of intellectuals were in my memories. It was not easy, to reach the United States and leave behind all those emotions, I was flooded with nostalgia.

I left Bolivia physically, however, I kept with me the stories and tales about the War of Chaco that my father told me, a bloody war with a cost of more than 100,000 lives on the Bolivian side. I remember my father telling me the story "The Well", written by Cochabamba's author Augusto Cespedes, every time he narrated it, his eyes were filled with tears...

When I arrived in The United States, I decided I would have to finish a career. Also, I would have to find some way to know more about all the things that my Dad had taught me. When we moved to Texas I enrolled at Austin Community College, one of my hardest classes was math, the other classes were not so easy, but there were bearable because there was plenty of reading and writing and that was precisely what I most liked to do. There were so many obstacles I had to overcome. I worked full time and by the end of the day I was exhausted yet I found the strength to take classes at night. There were long hours, long days, hours of frustration, mainly because I did not understand math. I honestly could not have done it without my husband and with my family by my side. But, I always said to myself that I was going to complete my goals and that one day I would finish my bachelor's degree.

One of my biggest prides was to have my son Christian Brashear Cuellar, the sun of my life, the light of my eyes. When I had him my view on many things about life changed. My son and my husband Steven were the engines that prompted me to get ahead; I always wanted them to feel proud of me. Our son Christian was blessed to have a father who helped him and guided him like a shining light, with his love and care. Paradoxically the same career that his father studied was also chosen by our son Christian, both father Steven and son Christian studied at the same university and the same career: Latin American Studies, at the University of Texas in Austin. My son is a young man with a brilliant mind, a son who has only given us satisfactions and much joy.

I was blessed to have the opportunity to travel to many countries where I could learn more about other cultures. I had the opportunity to learn the use of the Spanish language and many that was always the guide that served me when use so many words. I always thought that our use of language is a good guide for others. I believe it is our responsibility to have a proper use of our language. I see language as a transmitter of ideas, and therefore we do have a great responsibility to use it properly. Maybe that's why I like so much to travel and watch other cultures closely; how they speak, how they think. This certainly has enriched my life in many ways.

I finished my career at Texas State University; I graduated with honors. Then, I was accepted into the Master's Program in Hispanic Philology. I am currently on the path of a doctoral also in the same academic field at Texas A & M University. Time will tell where I'm going from here.

Definitely, the road has not been an easy one.

I was born in South America but I feel that I belong here and to all sites where I have been. I have experienced many cultures and they have made me the person I am today.

# Colaboradores / Contributors

## Beatriz Alem de Walker

Profesora Asociada de Español en Abilene Christian University (ACU) en Abilene, Texas, desde 1999. Tiene una maestría en Educación de ACU, una maestría en Lenguas Romances y un doctorado en Literatura Española y Latinoamericana de Texas Tech University. Su primer libro publicado por Editorial Corregidor de Buenos Aires, Argentina, se titula "Benedetti, Rosencof, Varela: El teatro como guardián de la memoria colectiva" (2007). Ha publicado además varios artículos en revistas culturales relacionados con su campo literario y ha presentado ensayos en conferencias a nivel nacional e internacional.

Originaria de Montevideo, Uruguay, es actualmente ciudadana norteamericana. Ella y su familia residen en Texas desde 1995.

*§ § §*

Beatriz Alem-Walker is an Associate Professor of Spanish at Abilene Christian University (ACU), where she has taught since 1999. She holds a Master's Degree in Education from ACU, a Master's of Romance Languages and a Ph.D. in Spanish and Latin American Literatures from Texas Tech University. Her first book "Benedetti, Rosencof, Varela: Theater as the Guardian of Collective Memory" was published by Editorial Corregidor, Buenos Aires, Argentina in 2007. She has published several articles in peer-reviewed journals and has presented papers in national and international conferences, in the fields of literature and education.

Originally from Montevideo, Uruguay, she is now an American citizen. She and her family reside in Texas since 1995.

## Amalia de Jesús Barreiro (Güemes) Gensman

Nació en la Ciudad de México el 14 de octubre de 1946. Vive en Lawton, Oklahoma donde ha sido educadora por 34 años. Es coordinadora del Departamento de Lenguas y profesora de español en Eisenhower Senior High School en Lawton. Ha sido consultora de College Board por 11 años y ha participado en la evaluación del examen de AP Lengua Española por 12 años. En el año 2002 fue nombrada por el gobernador estatal y sirvió como Vice-Presidente del Comité de Selección de Libros de Texto del Estado de Oklahoma. Actualmente es miembro del Comité de Exanimación para la Certificación de Maestros del estado. En septiembre de 2010, recibió el premio Arzobispo Eusebio Beltrán como educadora excepcional del año.

§ § §

Amalia de Jesus Barreiro (Güemes) Gensman was born in Mexico City October 14th 1946. She lives in Lawton, Oklahoma where she has taught for 34 years. She is Coordinator of the Foreign Language Department and Spanish Teacher at Eisenhower Senior High School in Lawton. She has been a College Board Consultant for 11 years and has participated in the AP Spanish Language Exam Reading for 12 years. In 2002 was nominated by the governor of the state and was elected as Vice-Chair of the Oklahoma State Textbook Adoption Committee. Currently she is a member of the State Spanish Teacher's Certification Committee. In September 2010, she received the Eusebio Beltran Outstanding Catholic Educator of the Year award.

## Marco Tulio Cedillo

Nació y creció en Las Marías, Magdalena, Intibucá, Honduras. Realizó sus estudios primarios, secundarios y de bachillerato universitario en Honduras. En 1990 se casó con una voluntaria del Cuerpo de Paz de Minnesota y desde 1992 radica en los Estados Unidos. En 1995 se graduó con una maestría de East Carolina University en Carolina del Norte. Actualmente trabaja como profesor de español en la universidad de Lynchburg College en Lynchburg, Virginia. Tiene cuatro hijos que son bilingües. Le gusta viajar para conocer otros lugares y está interesado en la literatura y cultura latinoamericanas.

§ § §

Marco Tulio Cedillo was born and raised in Las Marías, Magdalena, Intibucá, Honduras. He completed his primary, secondary, and BA studies in Honduras. In 1990, he married a Peace Corps Volunteer from Minnesota and they moved to the United States. He earned his master's degree in 1995 from East Carolina University. He is Spanish Professor at Lynchburg College in Virginia. He has four bilingual children. He is interested in traveling and the literature and culture of Latin America.

## Juana Cortez Bilbao Pignataro

Nació en Calama, Chile –el desierto más árido del mundo– de padres chilenos, con descendencia española y boliviana. Se casó en 1966 y emigró a los Estados Unidos. Es maestra jubilada de escuela primaria del programa bilingüe en Worcester, Massachusetts. Sus pasatiempos son música, arte, poesía, ejercicio, nutrición y trabajo comunitario en el Centro Cultural Chileno.

§ § §

Juana Cortez Bilbao Pignataro was born in Calama, Chile –the most arid desert of the world– to Chilean parents of Spaniard and Bolivian ancestry. She married in 1966 and migrated to the United States. She is a retired elementary school teacher serving in the bilingual program in Worcester, Massachusetts. Her pastimes are music, art, poetry, exercise, nutrition, and community work at the Chilean Cultural Center.

## Édgar Cota Torres

Creció en Mexicali, Baja California, México, donde vivió durante más de veinte años. Obtuvo un doctorado en español de la Universidad Estatal de Pennsylvania. En 2007 publicó el libro titulado "La representación de la leyenda negra en la frontera norte de México" con la Editorial Orbis Press. También ha presentado y publicado artículos literarios en México, Costa Rica, Colombia, Martinica, Estados Unidos, España, Italia y Francia. El Dr. Cota Torres ha colaborado como invitado especial en Martinica, Colombia y Costa Rica en donde ha dado presentaciones sobre la frontera México-EE.UU. y su literatura. Actualmente imparte cursos de literatura y cultura latina, chicana y de la frontera México-EE.UU. en la Universidad de Colorado.

§ § §

Édgar Cota Torres was raised in Mexicali, Baja California, Mexico, where he lived for more than twenty years. He earned a doctoral degree in Spanish from Pennsylvania State University. He published a book titled "La representación de la leyenda negra en la frontera norte de México" Editorial Orbis Press, 2007. He has published and presented literary articles in Mexico, Costa Rica, Colombia, Martinique, United States, Spain, Italy and France. Dr. Cota Torres has been invited as guess speaker to Martinique, Colombia and Costa Rica where he has given lectures about US-Mexico Border Issues and Literature. He is currently an Assistant Professor at the University of Colorado at Colorado Springs where he teaches Latino, Chicano and US-Mexico Border literature and culture.

## Diva Ninoschka Cuéllar Rivero

Nació en Magdalena, Departamento del Beni, Bolivia. Hija de Don Carmelo Cuéllar Jiménez y Doña Fanny Rivero Barba. Su padre fue una leyenda y héroe de la Guerra del Chaco (Paraguay-Bolivia, 1932-1935) un prolífico escritor, intelectual, pensador, diplomático, gobernador y senador. Diva se casó muy joven con Steven Lynn Brashear y estudió la carrera de Educación Ocupacional en Texas State University - San Marcos donde también obtuvo su maestría en Filología Hispánica.

Actualmente estudia el Doctorado de Filología Hispánica en la Universidad Texas A&M en College Station. Ha presentado artículos en varias conferencias y simposios. Su pasión es leer y viajar.

§ § §

Diva Ninoschka Cuellar Rivero was born in Magdalena, Beni, Bolivia. Daughter of Don Carmelo Cuellar Jimenez and Doña Fanny Rivero Barba. His father was the biggest influence in her life, he was a legend and hero of the Chaco War (Paraguay-Bolivia, 1932-1935) a prolific writer, intellectual, thinker, diplomat, governor and senator. She got married at a young age to Steven Lynn Brashear. She obtained a BA in Occupational Education and a MA in Spanish at Texas State University in San Marcos.

She is currently a student in the Spanish Ph.D. program at Texas A & M in College Station. She has presented papers at conferences and at several symposiums. Her passion is reading and traveling.

## Regina Faunes

Profesora asociada en St. Edward's University en Austin, Texas donde trabaja desde 2001. Se recibió con su maestría en Español de la Universidad de Florida, Gainesville y su doctorado en Español de la Universidad de Texas-Austin. Ha publicado poesía, ficción y crítica literaria en diversas revistas relacionadas a su campo. Ha presentado ensayos y colaborado en diversas conferencias. Es ciudadana norteamericana aunque nació en Guatemala y se crió en Chile.

§ § §

Regina Faunes is an Associate Professor of Spanish at St. Edward's University en Austin Texas where she has worked since 2001. She received her M.A. in Spanish from the University of Florida in Gainesville, and her Ph.D. in Spanish from the University of Texas-Austin. She has published poetry, fiction and literary criticism in several journals in her field. She has presented papers and collaborated at a variety of conferences. She is a citizen of the United States but was born in Guatemala and raised in Chile.

# Ana María González

Nació en Taxco, Guerrero, México. Obtuvo el título de maestra normalista y laboró en el Centro de Enseñanza para Extranjeros (CEPE) de la UNAM-Campus Taxco. En 1994 llegó a los Estados Unidos con una beca, empezó con la maestría en la University of Toledo en Ohio y en 2002 recibió el doctorado en 2002 de UMass-Amherst. Actualmente es profesora en la Universidad Luterana de Texas en Seguín y participa en varias organizaciones hispanas y culturales.

Ha viajado extensamente por Latinoamérica y Europa, es aficionada a la fotografía y a la poesía; participa en congresos internacionales de lengua y literatura. En 2010 publicó su poemario *Oquedad,* y en 2012 la reproducción de la primera colección poética de 1880 de la dominicana Salomé Ureña de Henríquez, la edición crítica y anotada del poema épico *La Cristiada,* de 1611 del español Diego de Hojeda y el primer volumen de esta antología, *Déjame que te cuente...*

*§ § §*

Ana María González was born in Taxco, Guerrero, Mexico. She obtained her Teaching Certificate and worked as a Spanish Professor at the School of Language for Foreign Students, CEPE -UNAM. In 1994, she started her graduate studies at UT-Ohio and received her doctoral degree in 2002 from UMass-Amherst. She has been working at Texas Lutheran University since 2003 and volunteers in several local organizations.

She likes photography, poetry, and traveling; she has traveled extensively in Latin America and Europe, and she often participates at international conferences. She published her first collection of poems *Oquedad* in 2010. In 2012 she also published Salomé Ureña's first collection of poems (1880), an annotated edition of the epic poem *La Cristiada* (1611) by Diego de Hojeda, and the first volume of this anthology *Déjame que te cuente...*

## María del Carmen García

Nació y creció en Matamoros, Tamaulipas, una ciudad fronteriza ubicada en el norte de México. Obtuvo su Licenciatura en Administración de Empresas en la Universidad de Texas en Brownsville y ahí mismo se graduó, años más tarde, con una Maestría en Español. Empezó después sus estudios de doctorado en la Universidad de Houston y se graduó en 2005 con una especialización en Literatura Hispana en los Estados Unidos.

Actualmente trabaja en Texas Southern University, en Houston como profesora de lengua y literatura de español.

§ § §

María del Carmen García was born and raised in Matamoros, Tamaulipas, a city located in the Mexico-U.S. border. She received a Bachelor of Arts Degree in Business Administration and a Master's Degree in Spanish from the University of Texas at Brownsville. Later, she began her doctoral studies at the University of Houston, and she graduated in 2005 with a specialization in Hispanic Literature in the U.S. She currently works in Houston as an Associate Professor at Texas Southern University, where she teaches Spanish language and literature. She also participates every summer as an AP reader.

## Blanca Glisson

Instructora Superior de Español en la Universidad de Colorado, en Colorado Springs, Colorado desde el año 1999. Tiene un título de profesora de Educación Elemental de la Universidad de Panamá; trabajó en la ciudad de Panamá en el campo de la enseñanza por un periodo de 20 años. Recibió su Licenciatura en Arte con un énfasis en el idioma español en la Universidad de Colorado, en Colorado Springs, una maestría en Arte con una especialización en la enseñanza del español en la Universidad de Northern Colorado, en Colorado.

Nacida en la ciudad de Panamá, República de Panamá, actualmente reside en los Estados Unidos junto a su familia.

§ § §

Blanca Glisson is a Senior Instructor of Spanish at the University of Colorado in Colorado Springs, where she has taught since 1999. Holds a degree of Teacher of Elementary Education from the University of Panama; she worked in Panama City for a period of 20 years in the Education field. Received her Bachelor of Arts degree with emphasis in Spanish from the University of Colorado at Colorado Springs and a Master's Degree in Arts with emphasis in Teaching Languages from the University of Northern Colorado.

Born in Panama City, Republic of Panama, she presently resides in United States with her family.

## María José Goñi Iza

Nació en Irún, en la frontera entre España y Francia, rodeada del mar y las montañas. Creció expuesta a una variedad de culturas lo que desde una edad temprana le hizo apreciar la magnitud y belleza de aprender diferentes idiomas. Tras viajar por varios países vive actualmente en Colorado y pasa sus veranos en Euskadi, en el norte de España. Su interés por las personas la llevó a obtener una Licenciatura en Psicología y una Maestría en Educación en la Universidad del País Vasco, España. En los EE.UU. obtuvo una maestría en Foreign Language Teaching en la Universidad de Greeley, Colorado y Salamanca, España. Trabaja como Senior Instructor en el Departamento de Lenguas y Culturas de la Universidad de Colorado, Colorado Springs.

En su tiempo libre le gusta estar en contacto con la naturaleza, nadar, subir montañas, montar en bicicleta, hacer submarinismo y descubrir en cada día la belleza de la vida.

§ § §

María José Goñi Iza was born in Irun, -border of the Basque Country of France and Spain. She grew up exposed to a myriad of cultures which from an early age made her appreciate the wonder and beauty of learning different languages. She has travelled to many different countries and she lives in Colorado for the school year and enjoys summers in her homeland. Her interest in people motivated her to obtain a BA in Psychology and a MA in Education, both in the University of the Basque Country. Life brought her to the USA where she pursued a MA in Foreign Language Teaching at the University of Northern Colorado. She is currently a full time Senior Instructor in the Language and Cultures Department at the University of Colorado, Colorado Springs.

She loves outdoor activities, from biking to hiking, climbing, running, swimming, scuba diving, yoga and discovering life in all its beauty.

## Ana Lucrecia Maradiaga Velásquez

Es nicaragüense de nacimiento y californiana de corazón. Se considera una ciudadana del mundo y no cree en fronteras. Su posesión más valiosa, además de su familia, es su educación. Recibió su licenciatura en Español y Filosofía de la Universidad de Loyola Marymount en Los Angeles, California. Enseñó español como segunda lengua y para hispanoparlantes al nivel de preparatoria. Continuó sus estudios en California State University-Long Beach donde adquirió su maestría en Literatura Española. Impartió clases en Long Beach City College y en Miami Dade College. Su amor por la enseñanza y las letras es infinito. Su otra pasión es la danza.

§ § §

Ana Lucrecia Maradiaga Velásquez is originally from Nicaragua, she is an immigrant and considers herself a citizen of the world. She earned her bachelor's degree from Loyola Marymount University in Spanish and Philosophy. She went on to teach Spanish and English as a Second Language at the high school level. She earned her master's degree from CSULB. She taught Spanish at Long Beach City College and English at Miami Dade College in the English for Academic Purposes Department. Her most valuable possessions are her family and her education.

## María Marsh

Nació en la ciudad de Chihuahua y debido al trabajo de su padre en Pemex vivió en Veracruz y Coahuila. Estudió en la Normal Oficial de Torreón y formó parte de la primera generación de graduados. Recibió su plaza de maestra y trabajó por dos años en las montañas de Chihuahua y ocho años en la ciudad. Inició estudios en la Normal Superior y al casarse, se mudó a Oceanside, California lugar donde nació su hijo. Años después se estableció en Texas, donde radica con su segundo esposo, profesor de la Universidad de Texas A&M. María reinició sus estudios y concluyó la licenciatura y una maestría. Actualmente está en proceso de obtener su doctorado en Estudios Hispánicos.

§ § §

Maria Marsh was born in Chihuahua and due to his father's work in Pemex, she lived in Veracruz and Coahuila. She studied at the Normal Oficial de Torreón and was part of the first class of graduates. She received her teaching degree and worked for two years in the mountains of Chihuahua and eight years in the city. She began her studies at the Normal Superior and after marrying, she moved to Oceanside, California where her son was born. Then she settled in Texas, where she resides with her second husband, a professor at Texas A&M University. Maria returned to school and completed the bachelor's and master's degrees. Currently she is in the process of obtaining her Ph.D. in Hispanic Studies.

## Alicia Migliarini

Es profesora de AP español en Mater Dei High School en Santa Ana, California desde 1996. Es la coordinadora de los programas de instrucción de idiomas de CALINK Institute así como de español e italiano en Saddleback Community Education. Es originaria de San Luis, Argentina. Estudió en el Instituto Católico Privado Aleluya, en la Universidad Católica Argentina. En los Estados Unidos completó sus estudios de enseñanza preescolar en Orange Coast College, Computación Aplicada a la Educación e Inglés como Segunda Lengua en UC Irvine. Su esposo, sus hijos y su familia de Argentina son las personas más importantes en su vida. Le encanta enseñar idiomas, así como la música, la poesía, el teatro, la literatura y la cultura latina.

§ § §

Alicia Migliarini teaches AP Spanish Language at Mater Dei High School in Santa Ana, California since 1996. She coordinates the language instruction programs offered by CALINK Institute as well as the Spanish and Italian Language Programs for Saddleback Community Education. She was born in San Luis, Argentina. She studied at Aleluya Private Catholic Institute and Universidad Catolica Argentina. In the US she obtained her Early Childhood Education certification at Orange Coast College; and also Computers in Education and TESOL - Teaching English to Speakers of Other Languages certifications at University of California Irvine. The most important people for her are her husband, her children and her family from Argentina. She is grateful and passionate about teaching language; she truly loves Latin music, poetry, theatre, literature and culture.

# Margarita E. Pignataro

Es profesora visitante de Whitman College. Sus campos de investigación son: estudios de género, civilizaciones del sureste estadounidense, literatura y cultura fronteriza mexico-americana, inmigración latinoestadounidense, estudios religiosos, estudios latinoamericanos y latinoestadounidenses y poesía y música afro-latina caribeña. Su obra teatral de un acto "A Fifteen Minute Interview with a Latina" se encuentra en *Telling Tongues: A Latin@ Anthology on Language Experience* y otra obra "Bouncing from Bronx Boricua and Chilling with La Latina Chilena" en la revista en línea *Label Me Latina/o*.

§ § §

Margarita E. Pignataro is a Visiting Professor at Whitman College. Her area of study is Gender Studies, Civilizations of the U.S. Southwest, U.S. Mexican Border Literature and Culture, Latino U.S. Immigration, Religious Studies, Latin American Studies, U.S. Latino Studies, and Afro-Latina Caribbean Poetry and Music. Her one act play "A Fifteen Minute Interview with a Latina" can be found in *Telling Tongues: A Latin@ Anthology on Language Experience* and another work "Bouncing from Bronx Boricua and Chilling with La Latina Chilena" in the online journal *Label Me Latina/o*.

## Gloria Prieto Puentes

Nació en Barcelona, España. Asistió a la escuela hasta los 14 años y luego empezó a trabajar como vendedora, niñera, cocinera y secretaria. A los 18 años se fue de *Au pair* a Inglaterra para aprender inglés. Volvió dos años más tarde a España y empezó la secundaria. Consiguió la licenciatura en Filología Inglesa por la UCB de Barcelona. Dio clases de inglés en escuelas secundarias y tradujo libros para la Editorial Blume. Tuvo su único hijo en 1992. En 1998 se trasladó a vivir a Texas donde radica hasta la actualidad. En Texas obtuvo una Maestría en Educación Bilingüe de Southern Methodist University (SMU). Ha traducido 21 libros, realizado múltiples presentaciones didácticas a los nuevos profesores visitantes y ha trabajado en SMU. Actualmente es profesora en UT Arlington y en una escuela primaria. Vive en Dallas con sus dos gatas, Xineta y Tizi.

§ § §

Gloria Prieto Puentes was born in Barcelona, Spain. She went to school until she was 14, then she worked as a saleswoman, babysitter, cook and secretary. She went to England as *Au pair* at age 18 to learn English. She went back to Spain and started her secondary education. She has a Master's in English Philology by UCB at Barcelona. She taught English at secondary schools and translated books for Editorial Blume. She had her only child in 1992. She moved to Texas in 1998 where she still lives now. She obtained a Master's Degree in Bilingual Education by Southern Methodist University (SMU). She has translated 21 books and has often presented educational methods to the new visiting teachers. She has been a professor at SMU and she currently works at UT Arlington and at an elementary school. She lives in Dallas with her two cats, Xineta and Maripili.

# Marisol Rodríguez de Lort

Originaria de Perú, es Profesora Adjunta de la Universidad de Concordia de Portland, Oregón y del Programa de Crédito Dual de Portland Community College y James Madison High School de Portland Public Schools. Bachiller en Ciencias de la Comunicación de la Universidad de Lima; Licenciada Profesional en Medios de Comunicación de la Universidad de Lima; Maestría en Español de la Universidad Estatal de Portland, Oregón (PSU),

Su primer progama televisivo en español "Oye como va" (1992-1993) ganó el Premio como "El mejor video bilingüe a nivel nacional" (TVCA). Compositora y creadora de un prestigioso programa de enseñanza de español a distancia para las escuelas públicas de Portland, "Hola, hola" dirigido a niños de kínder a tercer grado. Cuenta con más de 120 capítulos por cada nivel y es televisado en Portland. Recibió el premio a "La mejor maestra " de las escuelas comunitarias de Portland (PCC).

§ § §

Marisol Rodríguez-Lort is from Peru. She first obtained her BA in Communications at the University of Lima, Peru, earning a professional license in media studies. She received her MA in Spanish from Portland State University. She works at Concordia University in Portland and the Dual Credit Program for Portland Community College as well as James Madison High School of Portland Public Schools.

Her first TV program "Oye Como Va" (1992-1993) was presented with an award for "Best National Bilingual Video" by TVCA. She also created the notable distance learning program "¡Hola Hola!" which was designed for children in kindergarten through the third grade. It now has more than 120 chapters for each of the three age levels and is being televised in Portland.

She received the "Best Teacher Award" from PCC.

# Teresita María Ronquillo

Nació en Camagüey, Cuba donde cursó todos sus estudios hasta la universidad. En 1984 se graduó de la Licenciatura en Educación, con la especialidad de Español y Literatura en el Instituto Superior Pedagógico José Martí. Laboró en este centro de estudios hasta que en 1996 se fue a México para estudiar Lingüística Hispánica en la UNAM. Decidió no regresar para Cuba y perdió el derecho a defender la tesis y recibir un título; cruzó la frontera en agosto del 2000 y pidió asilo político. Estudió en la Universidad de Nuevo México la Maestría en Artes, Español y el doctorado en Educación y Bilingüismo. Ha trabajado en diferentes estados a nivel de secundaria y universidad. Participa como AP Reader desde 2006 hasta la fecha. Actualmente es Instructora Adjunta de Español en la Universidad de Miami.

§ § §

Teresita María Ronquillo was born in Camagüey, Cuba where she completed all her studies up to the university level. In 1984, she received a BA in Education with a specialization in Spanish and Literature at the Instituto Superior Pedagógico José Martí. In 1996 she moved to Mexico to start a master's on Hispanic Linguistics at UNAM. Once she finished her studies, she did not return to Cuba and she lost the right to defend the dissertation and receive a degree. In 2000, she crossed the border and requested political asylum in the USA. She pursued a Master's of Arts-Spanish, and a Ph.D. in Education and Bilingualism at New Mexico State University. She has worked in different states and she participates as AP Reader since 2006. Currently, she is a Spanish Adjunct Instructor at the University of Miami.

### José Salvador Ruiz Méndez

Nació en la ciudad de Mexicali donde vivió hasta los 20 años de edad. Sin embargo, desde los 17 años empezó la vida de transfronterizo, es decir, era uno de tantos que cruzaba todas las mañanas la frontera para cursar estudios en Caléxico, California y regresaba por las tardes a Mexicali. Emigró a San Diego para cursar la educación superior y vivió en esa ciudad por trece años. Cursó la maestría en Español en San Diego State University y posteriormente se doctoró en Literatura de la Universidad de California en San Diego. Es maestro de español y literatura hispanoamericana en Imperial Valley College desde 2004.

§ § §

José Salvador Ruiz was born and raised in Mexicali, Mexico where he lived until he was 20 years old. However, since he was 17 he started living a "transborder" life; like hundreds of people do, he would cross the border daily to study in Calexico, California and return to Mexicali after school was over. He migrated to San Diego to go to College and he lived there for about 13 years. He received a Master's Degree in Spanish from San Diego State University and a Ph.D. in Literature from the University of California, San Diego. He is an Associate Professor of Spanish and Latin American Literature at Imperial Valley College since 2004.

## Mayela Vallejos Ramírez

Costarricense de nacimiento, tiene una familia pequeña compuesta por sus padres (en grata memoria) y un hermano casado, su cuñada y cinco sobrinas. Creció en Costa Rica hasta que llegó a Reed College, Portland Oregon en 1987 para hacer una pasantía. Ese viaje cambió su vida totalmente. Tuvo la oportunidad de obtener una maestría en West Virginia University y luego un doctorado en Literatura Latinoamericana con énfasis en escritoras en la Universidad de Nebraska-Lincoln. En la actualidad es profesora de Colorado Mesa University en literatura, cultura y lengua. Esto le permite compartir con sus estudiantes todos sus conocimientos, sus sueños y sus proyectos. Su trabajo es muy positivo y le brinda gran satisfacción personal.

$$\S \S \S$$

Mayela Vallejos is Costa Rican by birth. Her small family is composed of her parents (rest their soul), and a married brother; her sister-in-law and five nieces. She was raised and grew up in Costa Rica until she came to Reed College, Oregon, in 1987 to work as an intern. That trip completely changed her life. She earned a Master´s Degree in West Virginia University and then a Ph.D. in Latin American Literature with an emphasis in women writers from the University of Nebraska-Lincoln. Currently, she is Professor of Literature, Culture and Languages at Colorado Mesa University. It is a great job for her because it allows her to share all of her knowledge, dreams and projects with her students. This is a very positive aspect of her life and brings her a lot of personal satisfaction.

## Cecilia Vázquez

Nació en la Ciudad de la Habana, Cuba. Allí pasó su niñez y adolescencia. Obtuvo el título de Licenciada en Economía de la Universidad de la Habana en 1994. Llegó a los Estados Unidos a la edad de 24 años. Cursó sus estudios de Maestría en Español en New Mexico State University de donde se graduó en 1997. Un año más tarde decidió mudarse a Miami. Ha participado en la evaluación del examen de AP por cinco años. Desde 1999 enseña español en el Departamento de Idiomas de la Universidad de Miami en Florida, donde vive actualmente con su esposo y sus dos hijas.

§ § §

Cecilia Vázquez was born in the City of Havana, Cuba. There she spent all her childhood and adolescence. Cecilia arrived to the United States at the age of 24 years old. She obtained her Bachelor's Degree in Economics from the University of Havana in 1994. She got a Spanish Master's Degree at New Mexico State University in 1997. One year later she decided to move to Miami. She has been an AP reader for five years. Since 1999 she teaches Spanish in the Department of Modern Languages and Literatures at the University of Miami in Florida, where she currently lives with her husband and two daughters.

# Myriam Villalobos

Es maestra de español en una escuela privada en Boston. Es nativa de Chile donde obtuvo su Licenciatura en Filosofía en la Universidad Católica de Chile y sus estudios de posgrado en Biología del Conocimiento en la Universidad de Chile. Ha escrito algunos libros en el área del aprendizaje publicados en Chile para el perfeccionamiento de maestros, trabajó para el gobierno democrático en capacidad emprendedora para mujeres y jóvenes de escasos recursos. Siguió posteriormente a su venida a los Estados Unidos su maestría en Lenguas y Cultura Españolas en la Universidad de Salamanca, obtuvo su Maestría en Educación en la Universidad de Northeastern. Sigue sus estudios de maestría en psicología en Lesley University. Vive con su esposo y su hijo en Walpole, MA donde continúa explorando temas relativos a la adquisición de lenguas, el aprendizaje y la psicología, especialmente en los temas relativos a los desafíos emocionales que enfrentan los inmigrantes cuando vienen a este país.

§ § §

Myriam Villalobos is a Spanish teacher in Boston. She is from Chile, where she graduated from the Catholic University in Philosophy; she also holds a post-graduate certificate from the University of Chile in Biology of Knowledge. She has written several professional development textbooks in Education, and has worked for Chile's democratic government developing entrepreneurial capacity for impoverished Chilean women. After coming to the United States, she attained a MA in Spanish Language and Spanish Culture from Salamanca University and also holds a MA in Education from Northeastern University. Today she is pursuing studies in Counseling Psychology at Lesley University. She lives with her husband and son in Walpole, Massachusetts, where she continues exploring language acquisition, learning issues and psychology. In addition, she has a research interest in the emotional challenges faced by immigrants in their insertion in United States.

## Esther Villarino Kahn

Nació y creció en Barcelona, en la costa mediterránea de España. Barcelona es una ciudad bilingüe y su familia también es bilingüe. Sus primeras palabras fueron en catalán, uno de los cuatro idiomas que se hablan en España. Estudió Turismo en Barcelona y luego se marchó a Londres, Inglaterra. Más tarde se mudó a Nueva York. En 1998, llegó a la zona de Washington, donde recibió su Maestría en Español. Ha enseñado en Northern Virginia Community College y en Howard University.

§ § §

Esther Villarino Kahn was born and grew up in Barcelona on the Mediterranean coast of Spain. Barcelona is a bilingual city, and her family is also bilingual. Her first words were in Catalan, one of the four languages spoken in Spain. She lived in London, England. Later, moved to New York City. In 1998, she came to the Washington area, where she received a MA in Spanish. She has taught at Northern Virginia Community College and Howard University.

# Contenido / Contents

www.ingramcontent.com/pod-product-compliance
Lightning Source LLC
Chambersburg PA
CBHW020848090426
42736CB00008B/281